Samir Thomaz

ALMANAQUE DO JOVEM

Do Homo faber às startups

Ilustrações de Fabio P. Corazza

1ª edição

2019

© SAMIR THOMAZ, 2019

EDIÇÃO: Lisabeth Bansi, Patrícia Capano Sanchez
COORDENAÇÃO DE EDIÇÃO DE ARTE: Camila Fiorenza
PROJETO GRÁFICO E DIAGRAMAÇÃO: Michele Figueredo
ILUSTRAÇÕES DE CAPA E MIOLO: Fabio P. Corazza
COORDENAÇÃO DE REVISÃO: Elaine C. del Nero
REVISÃO: Ana Maria Tavares, Dirce Y. Yamamoto
COORDENAÇÃO DE ICONOGRAFIA: Luciano Baneza Gabarron
PESQUISA ICONOGRÁFICA: Cristina Mota, Etoile Shaw, Odete Ernestina Pereira
COORDENAÇÃO DE BUREAU: Rubens M. Rodrigues
TRATAMENTO DE IMAGENS: Ademir Baptista, Luiz C. Costa, Marina Mantovani Buzzinaro, Joel Aparecido Bezerra
PRÉ-IMPRESSÃO: Everton Luis de Oliveira
COORDENAÇÃO DE PRODUÇÃO INDUSTRIAL: Wendell Jim C. Monteiro
IMPRESSÃO E ACABAMENTO: EGB Editora Gráfica Bernardi Ltda.
LOTE: 278791/278792

Imagem de fundo dos boxes das páginas 13, 47, 64, 83, 84 e 87: ©Andrey_Kuzmin/Shutterstock.

Dados Internacionais de Catalogação na Publicação (CIP)
(Câmara Brasileira do Livro, SP, Brasil)

Thomaz, Samir
  Almanaque do jovem empreendedor: do homo faber às startups / Samir Thomaz. — 1. ed. — São Paulo: Moderna, 2019.

  ISBN 978-85-16-11724-5

  1. Educação - Finalidades e objetivos 2. Empreendedorismo - Estudo e ensino 3. História - Estudo e ensino 4. Sociologia - Estudo e ensino I. Título.

18-22978   CDD - 371.36

Índice para catálogo sistemático:

1. Projetos pedagógicos: Métodos de ensino: Educação 371.36

Iolanda Rodrigues Biode - Bibliotecária - CRB-8/10014

REPRODUÇÃO PROIBIDA. ART. 184 DO CÓDIGO PENAL E LEI Nº 9.610, DE 19 DE FEVEREIRO DE 1998.

Todos os direitos reservados
EDITORA MODERNA LTDA.
Rua Padre Adelino, 758 - Belenzinho
São Paulo - SP - Brasil - CEP 03303-904
Vendas e atendimento: Tel. (11) 2790-1300
www.modernaliteratura.com.br
2019

Impresso no Brasil

Para a minha amiga e editora Beth Bansi, cujo olhar está sempre atento à realidade social, cultural e humana.

"Continuem famintos, continuem tolos".

Última frase do discurso de colação de grau de Steve Jobs, criador da Apple, aos formandos da Universidade Stanford, nos Estados Unidos, em 12 de junho de 2005. O real significado da frase é:
"Continuem ávidos por aprender, continuem ingênuos para acreditar".

SUMÁRIO

VEM COMIGO QUE NO CAMINHO EU EXPLICO, 6-7

UM MUNDO FEITO DE SERES HUMANOS, 8-9

Por que o ser humano trabalha?, **10-11**

Breve história do trabalho, **12-13**

Terceira Revolução Industrial, **14-15**

Trabalho e cidadania, **16-17**

As fatias do bolo, **18-19**

A vida começa aos dezoito, **20-21**

E eu no meio disso tudo?, **22-23**

Coração de estudante, **24-25**

Cooperação, **26-27**

A que geração você pertence?, **28-29**

A Era da Informação, **30-31**

Profissões, **32-33**

Currículo, **34-35**

Com que roupa eu vou?, **36-37**

Precisa-se de jovens talentosos, **38-39**

Vale a pena ser honesto?, **40-41**

EMPRESA

Uhuu! Fui admitido! E agora?, **42-43**

Mercado formal e mercado informal, **44-45**

Iniciativa, **46-47**

Que responsa!, **48-49**

Saiba receber críticas, **50-51**

Crônica: O suor e a lágrima, Carlos Heitor Cony, **52-53**

EMPREENDEDORISMO

O que é empreendedorismo, **54-55**

Por que não?, **56-57**

Entrevista: Cristiane Correa, **58-59**

Planejamento, **60-61**

Networking, **62-63**

Corra riscos!, **64-65**

Ajuste o foco!, **66-67**

Entrevista: Carlos Wizard, **68-69**

Procurando ajuda, **70-71**

Teorias empreendedoras, **72-73**

Economia criativa, **74-75**

Startups, **76-77**

Investidor-anjo, **78**

Mude seu *mindset*, amplie seu *know-how*, **79**

Eureka, **80-81**

Os empreendedores na história, **82-83**

Empreendedores contemporâneos, **84-85**

Empreendedorismo social, **86-87**

Outros filmes sobre inventores e empreendedores, **88-89**

Quizz, **90-91**

Informação é fundamental, **92-93**

CONCLUSÃO, 94-95

SOBRE O AUTOR, 96

Vem comigo que no caminho eu explico

Apesar do convite desta apresentação, você vai perceber que no mundo do trabalho e do empreendedorismo não há um caminho pronto: o caminho é você quem faz. O que você terá neste livro são orientações básicas sobre o mundo da escola, do trabalho e do negócio próprio.

Um estudo recente da Universidade de Newcastle, na Austrália, demonstrou que os jovens começam a pensar na profissão que querem seguir muito antes de entrar no ensino médio. Não é por acaso. Os jovens hiperconectados da atual geração têm o privilégio da informação muito mais do que as gerações anteriores. Portanto, a hora de entrar em contato com esse universo é esta. A decisão sobre se vai trabalhar em uma empresa ou ser dono do próprio nariz será sua. Não há escolha certa ou errada: a escolha só será acertada se no seu campo de atuação você estiver disposto a dar o seu melhor.

O caminho do profissional ou do empreendedor no mercado de trabalho é construído à medida que ele progride, ou seja, que estuda, aprende, persevera, erra, trabalha, fracassa, vence os desafios. Ele pode até planejar sua trilha profissional, mas logo verá que terá de rever seu plano, pois a estrada é feita de curvas, atalhos e obstáculos, e muitas vezes ele terá de desviar da rota inicial ou até mesmo voltar à estaca zero.

Esta, no entanto, não é uma notícia ruim. São os obstáculos e os fracassos, muitas vezes, que nos fazem crescer na profissão e como seres humanos. Muitos empreendedores costumam dizer que errar não é o problema, o problema é persistir no erro. Ou pior: não tentar. Os erros são grandes professores.

Melhor, então, dizer que não existe um aprendizado pronto, que a melhor coisa que nos pode acontecer é aprender fazendo (*"learn by doing"*). Aprender enquanto se faz requer um olhar atento a tudo o que está acontecendo à nossa volta, porque em tudo há um aprendizado acenando em nossa direção. Requer também muita criatividade para encontrar soluções para os diferentes problemas que vão surgir pelo caminho.

Se há um recado que este livro quer passar, portanto, é este: faça você mesmo o seu caminho, crie você mesmo a sua história, seja protagonista da sua vida. Nenhuma época se compara a esta em possibilidades de aprender e compartilhar, de contribuir para o próprio crescimento como profissional e como ser humano, de criar valores sólidos e fecundos, de potencializar a evolução ética da comunidade e do país.

Este livro é um pequeno passeio pelo mundo do trabalho e do empreendedorismo, sem a pretensão de apresentar fórmulas prontas e receitas mágicas. Depois é com você. Olhe para dentro de si mesmo e descubra o que mais gosta de fazer. Ou se dê a chance de descobrir coisas novas. Independentemente do que escolher, o mais importante é que você dê o melhor de si, não desanimando diante dos obstáculos e compreendendo que é somente diante deles que há verdadeiro crescimento.

Um mundo feito de seres humanos

Do condutor de riquixá, na Índia, ao programador do Vale do Silício, em Massachusetts; do soldado iraquiano ao cozinheiro sírio refugiado em Paris; da embaladora de charutos em Cuba ao engenheiro em Moçambique; dos colarinhos brancos de Wall Street aos colarinhos azuis das montadoras de São Bernardo do Campo, em São Paulo, o prazer e a necessidade de realizar algo é muito parecido em todos os lugares e acompanha o ser humano desde os tempos mais remotos.

Robô exercendo atividade industrial.

Funcionário operando máquina em São Bernardo do Campo, São Paulo.

Trabalhadores rurais na Tailândia.

Operadores de telemarketing na Índia.

Professor dando aula na ilha de Zanzibar, África.

Artista de rua em Lisboa, Portugal.

Médica da ONG Médicos Sem Fronteiras atuando na cidade de Bangui, África.

Comerciante de rua em Fez, cidade do Marrocos.

TRABALHO

Por que o ser humano trabalha?

Entre os primeiros trabalhos realizados pelo ser humano estão a caça, a coleta e a pesca. Os Australopithecus ("macacos do sul") já realizavam essas modalidades antes do aparecimento do Homo sapiens ("homem sábio").

Entre os humanos do gênero *Homo* que viveram no mesmo período da espécie *sapiens*, uma espécie nos interessa particularmente: o *Homo ergaster* ("homem trabalhador").

O *Homo ergaster* já apresentava essa característica humana de querer realizar coisas: criava artefatos de pedra mais elaborados que seus antecessores, carregava objetos enquanto caminhava, vivia em grupo, compartilhava habilidades, controlava o fogo e era um eficiente caçador.

O Menino de Turkana é um exemplo de *Homo ergaster*.

Você sabia?

Outras definições que enfatizam esse caráter realizador dos humanos são a do *Homo faber* ("homem que fabrica") e a do *Homo habilis* ("homem hábil").

O Menino de Turkana foi descoberto em Nariokotome, no Lago Turkana, no norte do Quênia, em 1984. Presume-se que tinha entre 11 e 13 anos de idade e que tenha vivido há cerca de 1,6 milhão de anos. É o mais bem preservado fóssil de um ser humano já encontrado.

As mais antigas machadinhas de mão (de cerca de 1,96 milhão de anos) foram encontradas no Lago Turkana, em 2011. Eram ideais para extrair a carne das carcaças dos animais.

E os animais, não trabalham?

Muitas conquistas humanas se devem ao trabalho dos animais. Basta pensar na importância dos cavalos nas guerras, dos jumentos nos transportes e dos bois na agricultura.

As aranhas tecem sua teia com a perícia de um artesão. O joão-de-barro constrói sua casa com a habilidade de um mestre de obras. E os insetos coletivos, como as abelhas e as formigas, trabalham com uma organização que lembra a forma como os seres humanos se organizam em sociedade. Sem contar os pombos, que até bem pouco tempo eram usados como mensageiros.

Você gostaria de receber uma carta de um pombo-correio?

Entenda melhor

Quando trabalhamos, temos a noção do tempo, ao passo que os animais apenas seguem seu instinto natural, sem consciência do que estão fazendo.

Tente imaginar uma aranha refazendo a teia por achar que ela não está esteticamente perfeita! Ou o joão-de-barro se preocupando em usar um material mais resistente à chuva e ao vento! Ou as formigas operárias organizando uma greve contra a opressão da formiga-rainha!

Só mesmo na imaginação, não é?

Breve história do trabalho

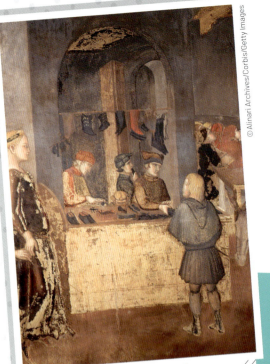

Detalhe de uma sapataria medieval no afresco Os efeitos do bom governo (1337-1340), de Ambrogio Lorenzetti.

Há cerca de 12 mil anos, os seres humanos descobriram a agricultura, criaram instrumentos de osso, madeira e pedra, evoluindo mais tarde para os de bronze e ferro. Nasciam assim as primeiras civilizações.

Você sabia?

Os gregos antigos tinham desprezo pelo trabalho manual. O fato de haver quem fizesse o serviço braçal proporcionou aos filósofos daquela época tempo de sobra para pensar. Folgados esses filósofos, não? Só que não! Pensar também é um trabalho.

Em todas as épocas, alguém sempre teve que fazer o serviço pesado. Na Antiguidade, essa função coube aos escravos, pois o trabalho braçal era visto como inferior.

Lá na distante Idade Média, os servos trabalhavam na terra do senhor feudal e ficavam com uma pequena parte do que produziam.

Entre os senhores feudais e os servos estavam os mestres de ofício e os artesãos, como o costureiro e o sapateiro, que ambicionavam ampliar seus negócios, mas eram impedidos pela doutrina católica. Para a Igreja, o trabalho deveria servir apenas para o sustento do trabalhador e de sua família.

No século XVI, o comércio ganhou impulso e a agiotagem passou a ser uma atividade corriqueira, ainda que fosse condenada pela Igreja. Os agiotas foram os primeiros banqueiros.

O capitalismo nascente recomendava hábitos como dedicação ao trabalho e à família, disciplina e poupança e liberava o trabalhador que quisesse empreender. Surgia a ideia de salário.

A lição de anatomia do Dr. Tulp (1632. Óleo sobre tela, 216,5 x 169,5 cm), quadro de Rembrandt encomendado pela Associação de Cirurgiões de Amsterdã.

A ERA INDUSTRIAL

A energia a vapor fez surgir a Primeira Revolução Industrial. O que era feito manualmente passou a ser realizado pelas máquinas nas fábricas, aumentando significativamente a capacidade de produção.

Lá pelo final do século XIX, entraram em cena o petróleo e a eletricidade, símbolos da Segunda Revolução Industrial. As cidades ficaram mais iluminadas, apareceram os automóveis com motor a combustão, o telefone, os elevadores, as escadas rolantes e os primeiros eletrodomésticos.

Uma novidade foi a linha de montagem, criada pelo industrial norte-americano Henry Ford. Funcionava assim: um operário ajustava o motor, outro pintava a funilaria, outro colocava as rodas, outro encaixava os bancos, e assim por diante.

Nessa época, os estoques viviam cheios, a propaganda passou a fazer parte da vida das pessoas e as vendas batiam recordes.

Os industriais viviam felizes, mas não queriam dividir os lucros com os trabalhadores, pagando a eles um salário de miséria. Os operários, então, começaram a fazer greves.

Ali pelos anos 1960, surgiu um novo modelo de produção: o toyotismo. Esse modo de produção inventado pelos japoneses exigia que o trabalhador dominasse mais de uma habilidade – que se tornasse multitarefa.

As empresas passaram a trabalhar com estoques limitados e já não havia a necessidade de um corpo grande de operários. A solução foi terceirizar a mão de obra, empregando os trabalhadores apenas quando fossem necessários.

Tempos modernos (1936)
Direção: Charles Chaplin.
Comédia dramática. 86 min. Livre.

Um operário de uma linha de montagem é levado à loucura pela monotonia do seu trabalho. Após um período em um sanatório, ele deixa o hospital para começar uma nova vida, mas é preso por engano como líder de um protesto.

Este e outros acontecimentos que ilustram o mundo do trabalho do início do século XX são mostrados no filme que, ao final, deixa uma mensagem de esperança.

Terceira Revolução Industrial

Desde os anos 1960, vivemos a Terceira Revolução Industrial, que tem como base a ciência, a tecnologia e a informação. O setor de serviços passa a predominar, superando o setor industrial.

Essa fase é marcada pelo crescimento da eletrônica, das tecnologias da informação (TI), das telecomunicações e da engenharia genética. Surgem os telefones celulares e as redes sociais e você já não precisa revelar as fotos que tira: elas podem ser visualizadas imediatamente e ser compartilhadas com os amigos. As grandes corporações se consolidam, fazendo surgir a globalização.

A Terceira Revolução Industrial não nasceu de um dia para o outro. Veja sete fatos que ajudaram a construí-la.

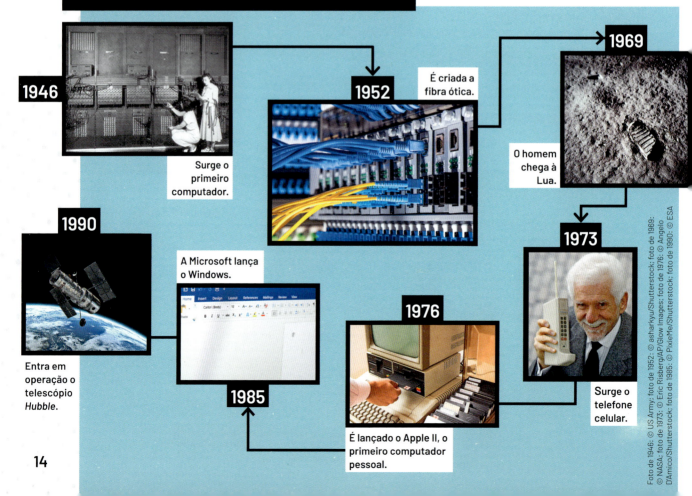

1946 — Surge o primeiro computador.

1952 — É criada a fibra ótica.

1969 — O homem chega à Lua.

1973 — Surge o telefone celular.

1976 — É lançado o Apple II, o primeiro computador pessoal.

1985 — A Microsoft lança o Windows.

1990 — Entra em operação o telescópio *Hubble*.

A REVOLUÇÃO DENTRO DA REVOLUÇÃO

Alguns estudiosos já falam na Quarta Revolução Industrial. É a fase da automação, das impressoras 3-D, da biotecnologia, da neurotecnologia, dos algoritmos e da computação na nuvem.

Hoje nós somos "informívoros".
(Fábio Gandour, cientista-chefe da IBM do Brasil)

Trata-se da época em que vivemos, na qual a automação já realiza o trabalho de milhares de trabalhadores, que terão de se reinventar ou se reciclar. Como assim?

Isso mesmo. Novas atividades serão criadas enquanto outras vão desaparecer. Cada habilidade aprendida pelos computadores gerará milhares de desempregos.

Será que o ser humano vai ser substituído pela máquina?

Desemprego tecnológico

Agora, olha só. A substituição do ser humano pela máquina já acontece. Nas linhas de produção, a robótica já cumpre a função do operário. Nos pedágios das estradas, o pagamento já é feito sem intervenção humana. Muitos elevadores funcionam sem ascensorista. E, no *telemarketing*, robôs já atendem clientes por telefone.

© Rodolfo Buhrer/ La Imagem/ Fotoarena

Robôs montando automóvel: a automação na indústria já é uma realidade.

Fique atento!

As novas profissões exigirão conhecimentos especializados. Desenvolver novas habilidades será essencial para se adaptar às novas tecnologias. No entanto, muitos pesquisadores acreditam que os robôs serão nossos parceiros, não nossos inimigos.

E você, o que pensa a respeito?

Você sabia?

Com o avanço da robótica, tem crescido a procura pelo profissional especializado em ensinar os computadores a pensar como seres humanos. Os estudantes mais habilitados para trabalhar na área de machine learning ("aprendizado de máquina") são os que se formarem em cursos de TI (Tecnologia da Informação), Matemática e Engenharia da Computação.

15

Trabalho e cidadania

Trabalhar já é um exercício de cidadania. É com seu trabalho que as pessoas se sustentam, mantêm suas famílias, realizam seus projetos e adquirem autonomia.

VOCÊ SABE O QUE É AUTONOMIA?

Inclusão social: um caminho sem volta

Você já deve ter ouvido falar de inclusão social, não é? Trata-se de um dos temas mais importantes da atualidade. Na prática, é a ideia de que todas as pessoas podem e devem participar da construção da sociedade em que vivem e desfrutar de seus benefícios, independentemente de gênero, condição socioeconômica, constituição física, origem étnica e geográfica ou orientação sexual.

Até bem pouco tempo, trabalhar era uma tarefa exclusiva dos homens. As mulheres cuidavam dos afazeres da casa e das crianças, mas essas atividades não eram vistas como trabalho. Inacreditável, não?

Mas as coisas vêm mudando muito nas últimas décadas. As mulheres têm assumido postos importantes nas empresas e exercem profissões que historicamente eram consideradas masculinas.

VOCÊ CONHECE ALGUMA MULHER QUE REALIZA UM TRABALHO ASSIM?

©ESB Professional/Shutterstock

Os jovens têm compensado a falta de experiência com a vontade de entrar no mercado de trabalho e de crescer profissionalmente. A habilidade nativa (aquela que já nasce com a pessoa) com as tecnologias digitais tem sido uma das responsáveis por isso.

Os negros têm ampliado sua presença em variadas profissões maciçamente ocupadas por brancos, consequência do aumento do número de universitários afrodescendentes, ainda que esse cenário esteja bem distante do ideal. Em razão disso, essa parcela da população tem participado mais ativamente do mercado consumidor.

Já os deficientes físicos têm recebido mais oportunidades de estudar e de trabalhar, graças à Lei de Cotas, regulamentada em 2004, embora haja ainda muito a fazer pela inclusão social desses trabalhadores.

Rachel Maia, ex-CEO das operações brasileiras das joalherias Tiffany Co. e Pandora.

Você sabia?

No Brasil, de acordo com a Lei de Cotas, as empresas devem reservar entre 2% e 5% de suas vagas para pessoas com algum tipo de deficiência (física, visual, auditiva ou intelectual).

Outra lei que monitora a inclusão de deficientes no país é a Lei Brasileira de Inclusão (LBI), que atua com o objetivo de ampliar a aplicação da inclusão a todos os tipos de deficiência. Porém, essa lei é ainda bastante restrita, pois as empresas dão preferência a deficiências "menos impactantes".

Segundo estimativas do IBGE (Instituto Brasileiro de Geografia e Estatística) de 2015, 6,2% dos brasileiros têm algum tipo de deficiência.

TUDO ISSO TEM A VER COM AUTONOMIA. QUE TAL AGORA PROCURAR ESSA PALAVRA NO DICIONÁRIO E VER COMO ELA SE RELACIONA COM O QUE VOCÊ LEU NESTE TÓPICO?

As fatias do bolo

Numa festa de aniversário, todos querem ganhar a maior fatia do bolo, não é? Assim também é com a renda de um país. No Brasil, enquanto uns ficam com um pedaço graaande do bolo, outros ficam apenas com as sobras.

Não sei se você sabe, mas nosso país tem uma péssima distribuição de renda. Em uma reportagem sobre desigualdade, de janeiro de 2018, a revista *Veja* divulgou que as 5 pessoas mais ricas do Brasil possuem um patrimônio que corresponde ao de 103 milhões de pessoas, ou seja, ao de mais ou menos metade da população do país. Não é injusto?

A má distribuição de renda no Brasil afeta a ascensão social dos mais pobres, pois essa camada da população deixa de investir na carreira por estar mais preocupada com a sobrevivência.

VOCÊ JÁ TINHA PENSADO NISSO?

Trabalho escravo

No Brasil, a escravidão foi abolida lá no distante ano de 1888. Mas será que foi mesmo?

Pois é, em alguns lugares essa forma de trabalho ainda é praticada. Os noticiários mostram fazendas no interior do país que mantêm trabalhadores em situações degradantes, sem os diretos mínimos garantidos pela Constituição, com jornadas de trabalho exaustivas (de até 16 horas), falta de liberdade por dívidas contraídas com o próprio empregador, isolamento da família e dos amigos, e tudo isso muitas vezes mantido sob ameaças de violência física e psicológica.

No bairro do Brás, em São Paulo, até bem recentemente trabalhadores bolivianos eram mantidos em regime de escravidão em oficinas de costura. Dá pra acreditar?

Você sabia?

Segundo dados da Organização Internacional do Trabalho (OIT), 40 milhões de pessoas são mantidas em trabalho escravo no mundo, sendo quase 29 milhões de mulheres. Estimativas mostram que as mulheres e as meninas são as mais afetadas pela escravidão moderna: 99% delas são vítimas da indústria do sexo enquanto 84% são obrigadas a casamentos forçados.

TRABALHO INFANTIL

Cá entre nós: você costuma realizar pequenas tarefas em casa? Bom, a resposta é com você. Saiba que são nessas tarefas rotineiras que muitos jovens experimentam pela primeira vez a satisfação e a responsabilidade de realizar algo. Já trabalho infantil é outra coisa.

Você sabia?

No mundo, 152 milhões de crianças são obrigadas a trabalhar.

Entenda melhor

Trabalho infantil é toda forma de trabalho exercida por criança abaixo da idade mínima legal permitida.

Desde 1990, o trabalho infantil é proibido no Brasil. Essa medida consta do Estatuto da Criança e do Adolescente, o ECA, já ouviu falar? O ECA define como criança toda pessoa com idade até 14 anos e adolescente a que tem entre 14 e 18 anos.

Agora, talvez isso lhe interesse: dos 14 aos 16 anos, o adolescente só pode trabalhar na condição de aprendiz. Não custa se informar a respeito.

AGORA, QUE TAL SE REUNIR COM UM COLEGA E FAZEREM JUNTOS UMA PESQUISA SOBRE O ECA?

© Diego Herculano/Folhapress

ESCOLA

A VIDA COMEÇA AOS DEZOITO

Quando somos jovens, não paramos muito para pensar. Afinal, pensar para quê, não é? Temos a nossa turma de amigos, os namoros, os hobbies e, claro, aquele monte de matéria para estudar. Uma das coisas legais dessa fase é justamente essa: vivemos como se fôssemos eternos.

Segundo a psicanalista Lidia Aratangy, até o final do século XIX não havia uma separação precisa entre a infância e a idade adulta. Um quadro do pintor flamengo Pieter Bruegel, o Velho (c. 1525-1569), do século XVI, mostra adultos e crianças juntos – observe que as crianças estão vestidas como pessoas mais velhas. Não é curioso?

Hoje os adolescentes e jovens se diferenciam dos adultos no comportamento e nos costumes, como acontece desde os anos 1960, mas também dos adolescentes e jovens da geração imediatamente anterior, pois as coisas mudam muito rapidamente.

VOCÊ TAMBÉM VÊ DESSA MANEIRA?

A dança dos camponeses (1567. Óleo sobre madeira, 114 x 164 cm), pintura de Pieter Bruegel, o Velho, na qual, como num efeito de photoshop, as crianças parecem adultos diminuídos.

COISA DE GERAÇÃO...

A adolescência é uma etapa entre a infância e o início da vida adulta. Não é uma regra, mas alguns comportamentos específicos são atribuídos aos jovens e adolescentes atuais. Veja se você se identifica.

São impacientes e dispersos.

São mais influenciados pela imagem do que pela palavra escrita.

Fazem várias coisas ao mesmo tempo, sem se aprofundar em nenhuma delas.

A maioria expõe sua vida como se vivesse em um filme ou em uma história em quadrinhos.

São nativos digitais, já nasceram no mundo dos *bits* e *bytes*.

Não gostam de política, mas têm preocupações sociais, como a defesa de minorias oprimidas e dos animais.

Preferem o sentimento coletivo ao individual, pertencem a grupos e tribos.

OS JOVENS ESTUDAM MAIS ANOS E SAEM DE CASA MAIS TARDE

Com isso, passam mais tempo dependendo financeiramente dos pais. [...]. As mulheres saem de casa, em média, aos 23 anos, e, os homens, aos 26. "Apesar de muitas possibilidades legais da vida adulta começar aos 18 anos, a adoção de algumas responsabilidades e do papel de adulto geralmente ocorre mais tarde", diz um estudo do Royal Children's Hospital, em Melbourne, na Austrália, publicado no periódico científico *Lancet Child & Adolescent Health*. Seus autores defendem a ideia de que a adolescência, que a maioria dos países considera hoje terminar aos 19 anos, deve ser estendida até os 24.

Revista *Veja*, 31 jan. 2018, p. 34.

E EU NO MEIO DISSO TUDO?

A adolescência parece uma eternidade, mas um dia acaba. E chega, enfim, a hora de enfrentar o rito de passagem para a vida adulta.

A canção "Terra de gigantes", da banda Engenheiros do Hawaii, fala da entrada do adolescente no mundo adulto, definindo a juventude como "uma banda numa propaganda de refrigerante".

VOCÊ CONHECE ESSA MÚSICA? QUE TAL PROCURÁ-LA PARA OUVIR?

A letra faz referência à influência da propaganda na vida dos jovens, que cria uma imagem dessa etapa como cheia de aventuras, conquistas amorosas, velocidade, tecnologia, linguagem descolada. Claro que ninguém quer saber se você se encaixa ou não. Quem está fora do perfil se sente na obrigação de se enquadrar.

E chega então a hora de enfrentar o rito de passagem para a vida adulta. E, junto com ela, o mundo do trabalho.

Mas, calma! Esse "admirável mundo novo" não representa uma ruptura. Muito do que seremos no mundo adulto está diretamente relacionado com o que vivemos até então.

A PROPÓSITO, VOCÊ SABE O QUE É UM RITO DE PASSAGEM? BORA PESQUISAR?

Sala de aula: lugar de aprendizagem e de socialização.

©Copacabana Filmes

Deixando a sua marca

Hoje o jovem e o adolescente ficam no meio do caminho entre o coletivo e o individual. Como assim?

Eles se preocupam com questões sociais (luta contra preconceitos e injustiças, pela causa dos animais e do meio ambiente) e não querem ser apenas mais um no meio da massa. Querem ser reconhecidos pelo que são e pelo que fazem.

E você, que legado quer deixar ao mundo?

Adolescentes fazem protesto contra a morte de um jovem no Rio de Janeiro.

Coração de estudante

Estudar já é uma forma de trabalho. Os trabalhos escolares, individuais ou em grupos, exigem responsabilidade, senso de organização, foco, atenção a prazos, elementos que fazem parte do mundo do trabalho.

É no ambiente escolar que os estudantes vão percebendo que o mundo é um lugar de colaboração e conhecimento, mas também de competição e conquistas.

Na escola, os estudantes tomam contato com alguns profissionais: a diretora, o professor, o monitor de salas, o pessoal da secretaria, a turma da limpeza, o jardineiro, a tia da cantina, entre outros tipos bem conhecidos.

©Fernando Favoretto/Criar Imagem

A convivência

A convivência com os colegas também é uma preparação para o mundo adulto. Atitudes bacanas como cooperação, alteridade, tolerância, respeito, compaixão começam a ser vivenciadas nessa fase. E características de personalidade como liderança e carisma também.

Você tem muitos amigos na escola? Ou é do tipo reservado, que só se abre com uns poucos e olhe lá?

Conflitos

Conviver não é fácil. As pessoas pensam e agem de modo diferente. É aí que acontecem os conflitos. A palavra *conflito* vem do latim e significa falta de entendimento grave entre duas partes. Você sabia que existem conflitos bons e conflitos maus?

O bom conflito é quando a discordância busca um resultado melhor. Você nunca viu dois jogadores de futebol discutindo em campo e depois se abraçando no vestiário, após uma vitória?

Já o mau conflito costuma trazer consequências graves. O *bullying*, por exemplo, é um exemplo de mau conflito.

Você já teve algum conflito na escola? Como encarou o problema?

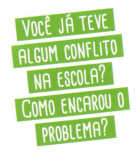

Fique de olho

O *bullying* é considerado um conflito e uma forma de violência. A receita é sempre a mesma: preconceito e hostilidade de um grupo de estudantes contra um colega procurando realçar negativamente algum aspecto físico ou psicológico que ele apresente. A vítima se vê acuada e passa a sofrer calada, pois não tem como reagir.

VOCÊ SABIA QUE O *BULLYING* PODE MARCAR UMA PESSOA PELO RESTO DA VIDA?

LEI ANTIBULLYING

Em 2015, foi criado o Programa de Combate à Intimidação Sistemática, que busca prevenir e combater o bullying no país, principalmente nas escolas.

De acordo com a lei, oito atos podem ser caracterizados como bullying:
1. ataques físicos;
2. insultos pessoais;
3. comentários sistemáticos e apelidos pejorativos;
4. ameaças por quaisquer meios;
5. grafites depreciativos;
6. expressões preconceituosas;
7. isolamento social consciente e premeditado;
8. pilhérias.

A lei também menciona o cyberbullying, por meio do qual são usados os instrumentos da internet "para depreciar, incitar a violência, adulterar fotos e dados pessoais com o intuito de criar meios de constrangimento psicossocial".

Sinistro!

Um lado perverso do *bullying* é que ele realça o preconceito e a maldade daqueles que o praticam, mas também daqueles que presenciam essa violência e nada fazem para impedi-la. Por isso, quem se omite diante do *bullying* é considerado cúmplice.

VOCÊ JÁ SE ENVOLVEU EM ALGUMA SITUAÇÃO DE *BULLYING*? EM QUE POSIÇÃO ESTAVA? QUAL FOI A SUA POSTURA?

© wavebreakmedia/Shutterstock

25

Cooperação

Você já ajudou alguém ou foi ajudado por um amigo? Já fez trabalho em grupo? Quem foram os seus parceiros? Qual foi a sensação?

Um dos sentimentos mais gratificantes que existem em qualquer situação é o de cooperação. Ele pode ocorrer na família, entre amigos, na escola, no trabalho.

Agora veja algumas atividades que podem ser feitas em cooperação na escola:

- Trabalho escolar em grupo.
- Arrecadação de roupas para moradores de rua a serem entregues à Associação do Bairro.
- Confecção de cartazes para uma campanha de vacinação ou de prevenção de alguma epidemia.
- Organização de torneios esportivos, exposições de arte ou concursos literários.
- Organização de visita a um asilo ou orfanato.
- Coleta de gêneros de primeira necessidade para vítimas de acidentes naturais como enchentes ou desabamentos.

Acrescente outras iniciativas das quais você já participou ou que poderia criar.

QUE TAL FORMAR UM GRUPO E COLOCAR ALGUMA DESSAS ATIVIDADES EM PRÁTICA?

Você sabia?

Uma forma de cooperação que não agrega nada é a cola. Você já "colou" ou passou cola para algum colega?

Na tirinha abaixo, o personagem Calvin, do cartunista Bill Watterson, parece não ter entendido ainda qual é o problema da cola.

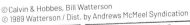

26

Tecnologia na escola

Uma grande parceira dos estudantes na atualidade é a tecnologia. Você já deve ter percebido isso, não? Os *tablets* e os *smartphones* estão invadindo a sala de aula.

Mas você acredita que tem escola que fornece equipamentos de última geração para os alunos e continua dando aula como no tempo dos seus avós? Em alguns casos, os alunos nem tiram o *tablet* da mochila!

TEM ALGUMA COISA ERRADA AÍ, VOCÊ NÃO ACHA?

Faça você mesmo!

Uma novidade que as tecnologias digitais têm trazido para a sala de aula é a educação *maker*, já ouviu falar? Trata-se da ideia do "Faça você mesmo!", tradução do inglês "*Do it yourself!*".

Os *makers* – como são chamados os adeptos desse aprendizado – não se contentam apenas em aprender a teoria: eles querem ir logo para a prática, botar a mão na massa. É aquele pessoal que vive desmontando pequenas máquinas ou aparelhos eletrônicos para consertá-los, em vez de comprar um novo.

VOCÊ CONHECE ALGUÉM ASSIM?

Muitas escolas já estão implantando laboratórios *makers* para que os alunos possam colocar em prática suas ideias. Em muitas delas, eles são estimulados a construir seus próprios aparelhos usando material reciclável. Não é bacana?

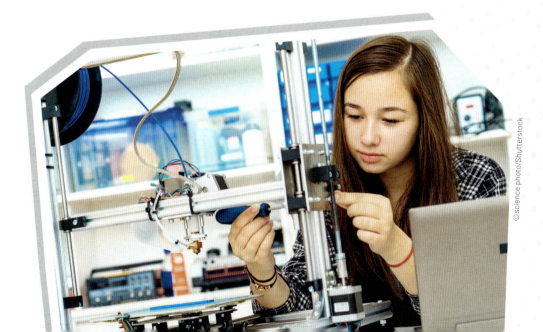

©science photo/Shutterstock

27

A QUE GERAÇÃO VOCÊ PERTENCE?

X, Y, W, Z... O alfabeto já acabou, mas as novas gerações não param de chegar!

Dar nome às gerações é uma convenção. Convenção? Sim, uma espécie de arranjo sobre determinado assunto. Não significa que todos concordem, mas, à falta de uma definição melhor, acaba passando como verdade.

Vamos ver como são chamadas as gerações desde meados do século XX.

Geração Baby Boomer (1946-1960)
É a geração do pós-guerra, que viu o mundo ser reconstruído depois da Segunda Guerra Mundial. Adapta-se às mudanças, é colaborativa, valoriza o trabalho e a carreira.

Geração X (1960-1977)
Assume responsabilidades, foca em resultados, é politizada. Os Xs viveram a tensão da guerra fria, a revolução cultural e comportamental dos anos 1960 e 1970 e vivem a transição do mundo analógico para o digital das últimas décadas.

Geração Y (1977-1990)
Também conhecida como a geração dos Millennials, vive conectada, é multitarefa, aprecia a flexibilidade (de horários e locais de trabalho, por exemplo), prefere digitar a manuscrever, faz consultas na internet e não em livros. Os Ys aceitam as diferenças, abominam a política, mas se preocupam com o meio ambiente, a defesa das minorias e dos animais. São ousados, ansiosos e imediatistas, dando grande valor às recompensas financeiras e aos benefícios nas empresas. Muitos a consideram superficial e egocêntrica. É a geração que domina o mercado de trabalho atualmente.

Geração Z (1990-2010)
É a geração que ainda está na escola e chegará às empresas nos próximos anos. É considerada uma Geração Y "mais radical" no comportamento. Os Zs são nativos digitais, baixam tudo na internet, usam aplicativos (apps), gostam de aprender. São adeptos da sustentabilidade, da justiça social. São tidos como dispersos.

QUE NOME VOCÊ DARIA À PRÓXIMA GERAÇÃO?

O encontro de gerações estimula a diversidade nas empresas, pois mistura experiência e conhecimento. Leia o trecho desta reportagem:

TUDO JUNTO E MISTURADO

"Os jovens da geração Y já ultrapassaram os da X nas empresas. Segundo uma pesquisa do Pew Research Center, dos Estados Unidos, em 2015 o mercado de trabalho americano era composto de 53,5 milhões de pessoas que tinham entre 18 e 34 anos (o pessoal da geração Y) e de 52,7 milhões de indivíduos de 35 a 50 anos (o time da X). Outros 48,3 milhões contavam com idade menor ou superior à desses grupos. Teoricamente, um empate técnico entre os três grupos. No próximo triênio, o cenário ficará ainda mais misturado, uma vez que uma análise da consultoria ManpowerGroup, sobre dados da Organização das Nações Unidas (ONU), indica que os nascidos de 1982 a 1996 vão representar mais de um terço da força de trabalho global.

Os números comprovam o que se vê nos corredores de fábricas e escritórios: um mix de gente de todas as idades."

KEDOUK, Marcia. *Encontro de gerações*. Revista Você S/A, set. 2017.

NÃO EXISTE MÁGICA!

Uma das críticas feitas à geração Y é de que são imediatistas, querendo logo passar a cargos de comando.

O filósofo e educador Mario Sergio Cortella, um dos críticos dessa geração, embora também veja nela grandes virtudes, lembra que, para se fazer o que se gosta é preciso primeiro fazer várias coisas de que não se gosta. Em uma entrevista, ele lembrou de uma frase bastante conhecida, *No pain, no gain*, que significa "Sem dor não há ganho".

O QUE VOCÊ ACHOU DESSA FRASE?

Você sabia?

Ao terminar uma apresentação, o pianista brasileiro Arthur Moreira Lima foi interpelado por um jovem, que lhe disse: "Adorei o concerto. Daria a vida para tocar como você". Ao que o pianista respondeu: "Eu dei".

29

©Catchacafe/Shutterstock

A Era da Informação

Você já percebeu que há informação por toda parte? Nossa época é conhecida como a Era da Informação.

Pense nas 24 horas do seu dia. Você consome informação o tempo todo. Quando está em casa, na escola, enquanto conversa com os amigos, assiste à televisão, fala ao celular, troca mensagens, posta uma foto nas redes sociais, faz uma pesquisa na internet ou baixa um aplicativo.

A informação é a matéria-prima do momento. Não por acaso, a palavra *informática* se origina da palavra *informação*.

Você sabia?

No mundo atual, existem 10 a 12 bilhões de objetos conectados pela internet. Em 2025 a previsão é de que esse número chegue a 100 bilhões. Tanta conexão fez surgir um termo que identifica esse fenômeno: Internet das coisas, originado do inglês *Internet of Things* (IoT).

O jornalista Ethevaldo Siqueira assim explicou a Internet das coisas: "Hoje não é só a comunicação interpessoal que existe, nem só o homem falando com a máquina, mas a máquina falando com a máquina, coisa falando com coisa".

Entendeu por que a Internet das coisas tem esse nome?

Do analógico ao digital

Você já sabe que vive em uma época de revoluções em todos os setores da sociedade, graças às conquistas da microeletrônica e da internet. E revoluções que acontecem em cada vez menos tempo. Lembra quanto tempo duraram a primeira e a segunda revoluções industriais? Pois é, agora vivemos um tempo em que não sabemos mais o que pertence à terceira ou à quarta revolução industrial.

Isso tudo tem implicações diretas na vida das pessoas. O mundo analógico era um; o mundo digital é outro, completamente diferente. Mas talvez você não tenha muita noção disso, porque já nasceu em plena era digital. Uma boa forma de saber como as coisas eram é conversando com os mais velhos, seus pais ou avós, por exemplo. Bora lá?

A propósito, você sabe o que significa a palavra analógico?

30

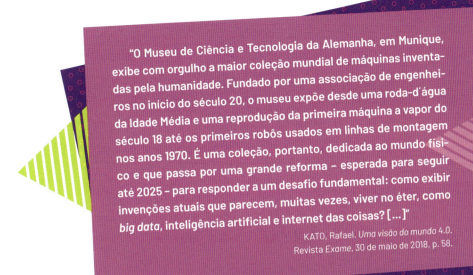

"O Museu de Ciência e Tecnologia da Alemanha, em Munique, exibe com orgulho a maior coleção mundial de máquinas inventadas pela humanidade. Fundado por uma associação de engenheiros no início do século 20, o museu expõe desde uma roda-d´água da Idade Média e uma reprodução da primeira máquina a vapor do século 18 até os primeiros robôs usados em linhas de montagem nos anos 1970. É uma coleção, portanto, dedicada ao mundo físico e que passa por uma grande reforma – esperada para seguir até 2025 – para responder a um desafio fundamental: como exibir invenções atuais que parecem, muitas vezes, viver no éter, como *big data*, inteligência artificial e internet das coisas? [...]"

KATO, Rafael. *Uma visão do mundo 4.0*. Revista *Exame*, 30 de maio de 2018, p. 58.

NERDS E GEEKS

A geração Y ficou muito associada a dois nomezinhos que vivem circulando por aí: *nerds* e *geeks*. Certamente você já ouviu falar deles. Talvez até seja um *nerd* ou um *geek*. Ou os dois. Por que não?

O *nerd* é o jovem que gosta de histórias de ficção (livros, filmes, HQs), séries, jogos de tabuleiro (xadrez), em vez de esportes ou baladas. Em geral são tímidos e não se preocupam com a aparência. Sua imagem, no entanto, tem mudado nos últimos anos, ganhando uma conotação extrovertida.

O Dia do Orgulho *Nerd* é 25 de maio.

Já os interesses do *geek* (gíria inglesa) estão mais voltados para a ciência, a eletrônica, os computadores, a linguagem de programação e os *games*. O *geek* é um tipo de *nerd*, assim como o cdf (cabeça de ferro), aquele adolescente muito dedicado ao estudo e muito inteligente.

Boneco do personagem Darth Vader da saga *Star Wars*, que vale tanto para os nerds quanto para os geeks.

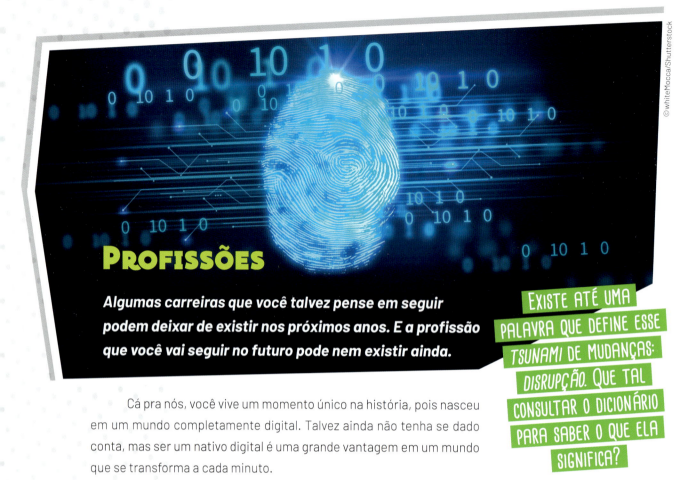

Profissões

Algumas carreiras que você talvez pense em seguir podem deixar de existir nos próximos anos. E a profissão que você vai seguir no futuro pode nem existir ainda.

Existe até uma palavra que define esse tsunami de mudanças: disrupção. Que tal consultar o dicionário para saber o que ela significa?

Cá pra nós, você vive um momento único na história, pois nasceu em um mundo completamente digital. Talvez ainda não tenha se dado conta, mas ser um nativo digital é uma grande vantagem em um mundo que se transforma a cada minuto.

Fique de olho!

Se as tecnologias digitais transformaram o mundo, também trouxeram problemas. Uma das grandes preocupações atualmente é o impacto que essas tecnologias estão causando no mercado de trabalho. Se por um lado elas tornam o mundo mais conectado e divertido e a produção mais eficiente, por outro fazem com que muitas profissões que existiam há muito tempo simplesmente deixem de existir.

É preciso se reinventar!

Como sempre, a solução para esse problema vem da educação. Os próximos anos exigirão dos profissionais mais do que a formação tradicional. Eles terão que desenvolver habilidades e competências voltadas para as novas funções a fim de se adaptar aos novos paradigmas do trabalho. Eles precisarão se reinventar.

"A melhor forma de lidar com a transformação tecnológica é educar as pessoas para se adaptarem a ela. O profissional deve estar ciente de que o conhecimento de que dispõe agora ficará obsoleto em pouco tempo", diz Joseph E. Aoun, reitor da Universidade de Northeastern, dos Estados Unidos, autor do livro *Robot-Proof* (À prova de robô), ainda não lançado no Brasil.

Para entender melhor

Profissões que requerem raciocínios simples e repetitivos tendem a desaparecer em pouco tempo. A consultoria americana McKinsey publicou um estudo em 2017 no qual afirma que 50% das atividades consideradas repetitivas serão automatizadas nos próximos dez anos.

Por outro lado, atividades que exigem capacidades humanas como criatividade, sensibilidade, inteligência emocional, pensamento crítico, empatia e senso estético tendem a permanecer.

Veja abaixo algumas profissões que vão deixar de existir nos próximos anos e outras que vão surgir.

Profissões ameaçadas
- Operador de telemarketing
- Recepcionista
- Caixa de banco
- Carteiro
- Cobrador de ônibus
- Digitador
- Leitor de água e luz

Profissões do futuro
- Controlador de tráfego de drones
- Nanomédico
- Gestor de resíduos (lixólogo)
- Aquicultor
- Gerente de vida
- Designer de bebês
- Cirurgião de memória
- Gerente de privacidade
- Agricultor vertical

CONTRATAM-SE ROBÔS

"Desemprego tecnológico" é como está sendo chamado o fato de milhões de trabalhadores perderem seu emprego porque suas profissões deixaram ou deixarão de existir. E o grande vilão dessa história são os robôs, afinal, eles são mais baratos, trabalham noite e dia, não fazem greve, não pedem aumento e não cometem muitos erros.

MUITO PRAZER, WATSON!

Uma das empresas que saiu na frente no domínio dos robôs foi a IBM. Seu robô foi batizado de Watson, um software capaz de cruzar milhões de informações em um tempo muito curto. O Watson é tão próximo dos humanos que, em 2016, no ProXXIma, um dos principais eventos de marketing digital da América Latina, em São Paulo, foi apresentada a versão feminina do Watson, a Isabela, que falou para um público de mais de mil pessoas e respondeu às perguntas dos participantes.

© Calvin & Hobbes, Bill Watterson © 1986 Watterson / Dist. by Andrews McMeel Syndication

Currículo

Sabe aquela frase que diz que "a primeira impressão é a que fica"? O currículo tem muito a ver com essa ideia. Se o currículo não causar boa impressão logo de cara, esquece: você está fora.

Estudos apontam que os recrutadores levam em média de 20 a 90 segundos para analisar um currículo. Leve isso em conta na hora de elaborar o seu. Prefira uma formatação simples e objetiva.

Não crie um documento todo colorido e com uma foto descolada. Isso não vai ajudar em nada. Para fazer um currículo adequado, preocupe-se em colocar as informações essenciais: nome, contatos (telefônico e eletrônico), formação escolar, experiência profissional (se houver), idiomas, objetivo.

Depois vêm as informações secundárias: cursos extracurriculares, viagens, trabalhos voluntários, prêmios, endereços de páginas nas redes sociais, algum *hobbie* bacana e saudável.

Capriche no português

Ao elaborar seu currículo, economize nos adjetivos. O que você acha de si mesmo pode não bater com o que o selecionador acha ou está achando. Prefira números e informações objetivas.

Ninguém vai cometer um assassinato se a moça disser que está "meia estressada" ou se o rapaz diz que "não se ateu" ao que você falou. Mas pode ter certeza de que os dois queimaram seu filme. Portanto, cuidado com o português!

Experiência

Um dos grandes dilemas dos jovens ao entrar no mercado do trabalho é se deparar com um item que eles não podem ter justamente porque procuram o primeiro emprego: experiência.

LEMBRE-SE: TODO MUNDO JÁ FOI INEXPERIENTE UM DIA.

Pelé, em jogo da Copa do Mundo de 1958, quando tinha apenas 17 anos.

COM QUE ROUPA EU VOU?

A chamada para uma entrevista de emprego costuma dar aquele frio na barriga. Como me vestir? O que dizer? Como me comportar durante a conversa?

Se você foi selecionado para uma entrevista, faça uma ligeira pesquisa sobre a empresa e use uma roupa de acordo com o perfil da corporação.

Se a empresa é formal, seja discreto nos trajes e gestos. Os meninos não precisam ir de terno e gravata nem as meninas de *tailleur*. Um meio termo interessante é usar um *jeans*, que sempre cai superbem.

Os rapazes devem estar com os cabelos penteados e a barba feita e as moças com a maquiagem leve e o cabelo alinhado.

Se a empresa é mais informal, procure conhecer o estilo dos funcionários.

ALGUMAS DICAS

Meninos

- Bermuda e moleton, nem pensar, mesmo que a empresa seja informal.
- Usar camisa ou camiseta discreta (sem estampas chamativas).

Meninas

- Evitar roupas curtas, bermudas, moleton e decotes.
- Brincos discretos e silenciosos – afinal, suas orelhas não são a torre da igreja matriz, não é?

Para os dois

- Unhas limpas e bem cortadas.
- Perfume e desodorante usados com moderação.
- *Piercings* somente se fizer parte da cultura da empresa.
- Cabelo molhado não cai bem em uma entrevista de emprego.

As recomendações, obviamente, não devem ser levadas a ferro e fogo. Mas lembre-se: o ambiente corporativo sempre tenderá mais para o discreto, o contido e o clássico.

Vendendo o seu peixe

- Antes de qualquer coisa, informe-se sobre a hora e o local da entrevista. A pontualidade é o primeiro ponto a se ganhar.
- Não se esqueça de desligar o celular, mas se esquecer e ele tocar, não atenda – apenas interrompa a chamada.
- Cumprimente o entrevistador olhando em seus olhos e mantenha essa postura ao longo da entrevista.
- Evite respostas prontas, que só servem para agradar o recrutador ou fugir da pergunta – seja sincero e autêntico.
- Não use gírias ou palavras rebuscadas – prefira sempre linguagem simples e objetiva.
- Não fale mal de ninguém, principalmente de antigos empregadores; atenha-se ao âmbito profissional.
- Não fique em uma posição passiva: faça perguntas. Demonstre o seu interesse em conhecer a empresa.
- Mencione atividades culturais e de lazer que costuma fazer e, se houver oportunidade, mencione algum trabalho voluntário de que tenha participado ou de que participe.

(Ainda) à procura da diversidade

A diversidade será a grande aposta das companhias. É o que mostra o relatório global de tendências de recrutamento divulgado pelo LinkedIn em janeiro de 2018 e realizado por meio de uma pesquisa com 9 mil recrutadores e gestores de RH globalmente. Quase oito entre dez recrutadores no mundo afirmam que a questão de inclusão de grupos minoritários tem afetado a forma como eles contratam. No Brasil, a porcentagem foi de 77%. "Isso mostra que, em empresas nas quais a diversidade é um valor, os candidatos que se mostrarem resistentes ao tema serão repelidos", afirma Milton Beck, diretor regional do LinkedIn para a América Latina. Segundo ele, essa questão fará as organizações repensarem seus processos de seleção – incluindo etapas que permitam avaliar características comportamentais e reduzindo, por exemplo, indicações de amigos. "Embora essa prática garanta segurança na hora de contratar, diminui a capacidade de diversificar o time", afirma.

Revista Você S/A, fevereiro de 2018, p. 13.

Precisa-se de jovens talentosos

Aprendiz

No Brasil, o Programa Aprendiz é direcionado a jovens com idade entre 14 e 24 anos vindos da escola pública, com condições econômicas desfavoráveis, em empresas com mais de cem funcionários. O jovem deve estar cursando um dos dois últimos anos do ensino fundamental ou já ter concluído o ensino médio.

Os melhores aprendizes costumam ser aproveitados pelas empresas ao final do programa, ganhando em geral o salário mínimo.

Estágio

Para ser um estagiário, é preciso estar matriculado em um curso superior ou profissionalizante no Ensino Médio. O estágio estabelece até 30 horas de trabalho semanais e o pacote de benefícios varia de empresa para empresa. O salário (bolsa-auxílio) é pago somente quando o estágio não for obrigatório, mas a maioria das empresas costuma concedê-lo.

Não existe regra, mas o ideal é estagiar no mínimo um semestre e no máximo entre um ano e dois em cada companhia, dependendo do ano de faculdade em que se estiver.

É bom estar ciente de que o estagiário não é um funcionário da empresa e não existe compromisso da corporação quando o estágio termina. Ao se formar, no entanto, muitos estagiários acabam efetivados.

Agora, enquanto não puder estagiar, você pode fazer cursos de curta duração ou participar de atividades variadas, como organização de eventos, trabalhos voluntários, competições acadêmicas, viagens etc. Sempre agregam. Ou dedicar-se à leitura.

Algumas recomendações:
1. Crie o hábito de tirar dúvidas.
2. Sempre que for adequado, apresente sugestões.
3. Seja sociável e invista na sua rede de relações (*networking*).
4. Veja em cada situação – mesmo quando comete um erro – uma oportunidade de aprendizado.

Estágio: modo de usar

No estágio, o jovem terá as primeiras noções de disciplina, responsabilidade, comprometimento, trabalho em equipe, relacionamentos. É quase um laboratório, onde ele poderá experimentar e aprender "macetes" que não aprendeu na faculdade.

Segundo Luiz Valente, diretor de recrutamento da empresa Talenses, de São Paulo, não há garantia de um final feliz ao término de um período de estágio. No entanto, de acordo com o executivo, ter uma mentalidade voltada para o autodesenvolvimento é fundamental. "Ande sempre com quem sabe mais do que você, eleja tutores e pares inspiradores para trocar ideias", aconselha o diretor.

Você sabia?

Os estágios podem ser procurados em centrais como o Centro de Integração Empresa-Escola (CIEE), a Associação Brasileira de Estágio (Abre), ou nos *sites* das próprias empresas.

TRAINEE

O *trainee* é um jovem talento recém-formado ou em vias de conclusão contratado pela empresa com carteira assinada e todos os benefícios que ela oferece. O período como *trainee* costuma variar entre um e dois anos.

Muitos gestores, gerentes, diretores e presidentes de empresa começaram numa companhia como *trainees*. Um bom *trainee* possui domínio de pelo menos um idioma além do português, capacidade de trabalho em equipe, de análise e de liderança.

Uma boa dose de paciência também é fundamental, conforme o relato de José Matias, presidente do grupo Solvay Rhodia na América Latina, que começou como *trainee* na corporação: "A responsabilidade aparece para quem está disposto. Não fui atendido imediatamente em tudo que pedi à empresa, mas sempre soube que se insistisse nos objetivos, eles se concretizariam".

Inspirador, não?

O Brasil foi escolhido para receber o primeiro centro de inovação do Facebook. Inaugurado em dezembro de 2017, em plena Avenida Paulista, em São Paulo, o novo espaço, batizado Estação Hack, tem 1.000 metros quadrados e a missão de ser um polo de aceleração de *startups* e de capacitação de jovens profissionais. A opção pelo país como sede não foi aleatória. Por aqui, a rede social é utilizada por 122 milhões de pessoas – o terceiro maior público da companhia em todo o mundo, atrás apenas da Índia e dos Estados Unidos. [...] O público-alvo dos cursos ministrados no local – como o *Aprenda a programar em um fim de semana* – são pequenos empreendedores e alunos de 14 a 25 anos, oriundos, principalmente, da escola pública.

Revista Você S/A, janeiro de 2018, p. 10-11.

Vale a pena ser honesto?

A pergunta pode parecer sem sentido, afinal, não deveria haver dúvidas sobre a honestidade, não é mesmo? Mas basta olhar o noticiário para ver que, na prática, não é bem assim.

Leia esta versão de uma fábula do escritor grego Esopo (620-564 a.C.) que fala de ética.

O lenhador e Hermes

Um homem cortava lenha às margens de um rio quando se distraiu e deixou cair seu machado na água. O deus Hermes, ao ver o trabalhador desalentado, quis saber o motivo de sua tristeza. O homem relatou o ocorrido, e o deus trouxe para ele um machado novo, só que de ouro. O homem olhou a ferramenta e disse que aquele não era o seu machado.

Hermes então trouxe-lhe um machado de prata. O lenhador recusou novamente, dizendo que seu machado não era de prata. Hermes, por fim, trouxe o machado que o homem deixara cair na água. O rosto do homem iluminou-se: sim, aquele era o machado que ele perdera. Admirado, Hermes não apenas devolveu o artefato ao lenhador, como o presenteou com o machado de ouro e com o de prata.

Mais tarde, o lenhador relatou o caso para seus amigos. Um deles, impressionado com a história, decidiu viver a mesma experiência. Foi com seu machado até a beira do rio e deixou-o cair de propósito na correnteza. Em seguida, prostrou-se na beira do rio, fingindo tristeza. Hermes, sempre atento à angústia dos humanos, logo apareceu e perguntou o que havia ocorrido. O homem relatou que seu machado se perdera na correnteza.

Hermes prontamente lhe trouxe um machado de ouro e, como fizera com o primeiro lenhador, perguntou se aquele era o seu instrumento de trabalho. O homem muito depressa disse que sim. Hermes, porém, percebendo a farsa, não lhe entregou o machado de ouro e também não buscou o machado que o homem perdera.

Trabalho voluntário

No mundo profissional, trabalhamos para ganhar dinheiro e com ele sustentar a família, adquirir bens, realizar projetos, ter uma boa qualidade de vida. Mas sabia que existe trabalho que não visa o dinheiro?

A jovem Luciana (ela não quer ser identificada por seu nome completo), de 19 anos, realiza semanalmente um trabalho voluntário. Todas as sextas-feiras, ela vai com o namorado até um ponto da Alameda Barros, no bairro de Santa Cecília, em São Paulo, onde se reúne com outros voluntários para entregar "quentinhas" a moradores de rua da região.

Luciana é uma menina de classe média, está no segundo ano da faculdade de administração e trabalha como atendente em um *shopping*. Ela diz que o trabalho voluntário já faz parte de sua rotina, tanto quanto ir ao cinema, se reunir com os amigos, estudar e trabalhar. "Acho que se doar para o outro sem esperar recompensa é uma forma de tornar o mundo um pouco mais humano", ela diz. "Na verdade, a recompensa é o olhar de gratidão daquelas pessoas quando você entrega a comida e a sensação de alegria quando volta para casa, de madrugada. Isso não tem preço".

Fazendo a sua parte

Luciana é uma das milhares de pessoas que realizam trabalho voluntário no Brasil. Além de ajudar a diminuir as injustiças sociais, o trabalho voluntário tem sido muito valorizado pelas empresas. Num processo de seleção, por exemplo, pode ser um fator decisivo.

Pessoas que realizam esse tipo de atividade são vistas pelas empresas como alguém com iniciativa, capacidade de liderar e ser liderado, facilidade de relacionamento e de trabalhar em equipe.

Também no empreendedorismo o voluntariado só agrega, segundo a economista e organizadora de eventos Elena Crescia, em depoimento à revista *Pequenas Empresas & Grandes Negócios*: "O voluntariado ajuda a executar intensamente competências vitais para o empreendedorismo – entre elas, liderança, ética, desenvolvimento e coordenação de projetos, capacidade de trabalhar em equipe e levantar recursos financeiros".

Voluntários da ONG Teto Brasil, que constrói casas em comunidades carentes.

EMPRESA

Uhuu! Fui admitido! E agora?

Ser admitido em uma empresa – principalmente se for o primeiro emprego – é uma conquista para ser comemorada. Mas, passada a euforia, é preciso entender os próximos passos.

Documentos

Na empresa, você fará parte de um ambiente onde existem várias regras. Se você ainda não tem a carteira de trabalho, é preciso tirá-la. E também o RG, o CPF e o título de eleitor. Se você for rapaz e maior de 18 anos, deve ter em dia o seu Certificado de Reservista.

Mas não se preocupe. A maioria das empresas tem um departamento de Recursos Humanos (RH) que vai lhe explicar o que trazer e, caso não tenha o documento, como tirar. O RH também lhe explicará sobre os benefícios que a empresa oferece.

Os três benefícios mais comuns são o vale-alimentação, o vale-transporte e a assistência médica. Algumas empresas também oferecem seguro de vida.

Acervo pessoal

Tirar documentos faz parte da vida. Pode parecer absurdo, mas sem os seus documentos você não existe oficialmente. Tem gente que tira isso de letra com (literalmente) muito bom humor.

Veja o que fez o fotógrafo Felipe Borges, da cidade de Sete Lagoas, em Minas Gerais.

No dia 3 de julho de 2017, ao tirar uma foto para renovar sua carteira de motorista (CNH), em vez de ficar sério, Felipe abriu um radiante sorriso. A pessoa responsável pela fotografia avisou-lhe que ele não podia aparecer daquela forma. Ele perguntou por quê. A pessoa apenas disse que não podia. Ele não aceitou a resposta. E depois de muita conversa, finalmente conseguiu autorização para aparecer no documento sorrindo.

Ele relatou o fato em uma rede social e o *post* viralizou. Até tomarem conhecimento dessa história, muitas pessoas não sabiam que podem sorrir ao tirar fotos para documentos.

DIREITOS E DEVERES

O funcionário de uma empresa tem uma série de direitos e de deveres.

Entre os direitos estão o salário, as férias remuneradas, as respectivas licenças maternidade e paternidade, o seguro insalubridade (em caso de trabalho perigoso), horas-extras de acordo com a legislação, faltas justificadas abonadas, 13º salário e depósito mensal do FGTS.

Mas você não precisa se preocupar em entender tudo isso agora.

Entre os deveres estão o cumprimento de um horário de trabalho com intervalo predeterminado para almoço, o respeito à hierarquia da empresa e à execução plena do trabalho para o qual foi designado.

©Monkey Business Images/Shutterstock

"Ao fazer parte de uma empresa, um jovem adquire bons hábitos de trabalho. Aprende a lidar com a autoridade e os horários, valoriza as competências profissionais. [...] Após um ano ou dois, um jovem que deixa o McDonald's não terá aprendido um só gesto profissional que não lhe sirva no próximo emprego [...], cresce sua empregabilidade, pois ele tem os valores, o ritmo e a mecânica de funcionamento de uma empresa moderna. Com isso, já avança muito na sua formação profissional. [...] Trabalhar em uma empresa moderna é entrar em uma boa escola".

CASTRO, Cláudio de Moura e. Revista *Veja*, 27 set. 2017.

Mercado formal e mercado informal

Sabe aquele ambulante que vende capas de celular no transporte público ou guarda-chuvas nas estações de metrô? É dele e de outros trabalhadores que estamos falando quando o assunto é trabalho informal.

O trabalho informal existe porque o mercado de trabalho formal não possui emprego com registro em carteira para todos os trabalhadores. Como esse trabalhador precisa se sustentar, ele passa a viver dos chamados "bicos", atividades sem remuneração certa que não são reguladas pelas leis do trabalho.

No caso dos camelôs, muitos deles também não pagam os impostos sobre as mercadorias que comercializam, o que é prejudicial para o trabalhador e para o país.

Já o mercado formal comporta as empresas que geram os empregos com carteira assinada e benefícios e recolhem os encargos sociais obrigatórios por lei. Neste livro, quando falamos das regras e da conduta adequada em uma empresa, estamos falando do mercado formal.

Você sabia?

Apesar de marginal, a informalidade é bem maior do que se imagina. Alguns estudiosos estimam que o mercado informal no Brasil movimente entre 25% e 50% do PIB, o Produto Interno Bruto, que é a soma das riquezas geradas pelo setor produtivo de um país.

TERCEIRIZAÇÃO

A terceirização é a situação em que uma empresa contrata outra para realizar um tipo de trabalho que não é a sua especialidade. Por exemplo: numa empresa de engenharia, a atividade principal é o exercício da engenharia e seus principais funcionários são os engenheiros. Como uma empresa de engenharia também precisa do pessoal de limpeza, de copa, de segurança, ela terceiriza essas funções, contratando uma ou mais empresas para administrar esses funcionários. Os funcionários dessas empresas são os chamados "terceirizados".

Você sabia? As empresas se dividem em três tipos: privadas, estatais e do terceiro setor (organizações não governamentais – ONGs).

Funcionários terceirizados fazem o serviço de limpeza em um shopping do Rio de Janeiro.

©Rafael Moraes/Agência O Globo

FREE-LANCER

Um tipo de trabalhador terceirizado é o *free-lancer* ou "frila", como também é chamado. Os motivos, aqui, são um pouco diferentes do caso da empresa de engenharia.

Em geral, o objetivo é economizar custos, principalmente em relação aos encargos trabalhistas. Mas o *free-lancer*, na maioria das vezes, realiza a atividade principal da empresa para a qual está sendo contratado. Um bom exemplo é um jornalista que trabalha como *free-lancer* para um jornal, cuja atividade fim é o jornalismo.

Vale lembrar, também, que, muitas vezes, o "frila" é contratado para um trabalho específico, com prazo certo para terminar.

45

INICIATIVA

Se você é do tipo que fica olhando a banda passar, acomodado na sua zona de conforto, cuidado! Na escola pode até ser que você consiga ir levando. Mas no mundo do trabalho isso não é bem visto e você poderá ser um sério candidato a não sair do lugar.

Alunos fazem grafite em muro de escola em Santa Catarina.

©Marcelo Bittencourt/Futura Press

Na escola existe sempre o aluno ou aluna que, nos trabalhos em grupo, não contribui em nada, deixando que os demais façam tudo. Sabe o tipo? E o que dizer daqueles que mal esperam dar o sinal para sair correndo da sala de aula? Estes são apenas dois exemplos de comodismo, de falta de iniciativa e, o pior, de falta de comprometimento consigo mesmo e com os outros.

A escola oferece muitas oportunidades para quem gosta de começar algo ou de se comprometer com alguma ideia. Ser capaz de resolver problemas, ter ousadia, aceitar desafios, começar algo, pensar fora da caixa, olhar os problemas de outro ângulo são qualidades que podem representar um diferencial lá na frente, quando você fizer parte de uma corporação.

Na escola, assim como nas empresas, as relações são regidas por regras. Mas se você apenas cumprir regras e não tiver iniciativa, será visto sempre como alguém com quem não se pode contar.

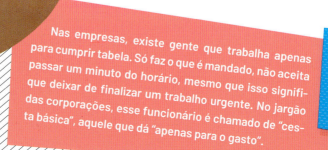

Você sabia? Nas empresas, existe gente que trabalha apenas para cumprir tabela. Só faz o que é mandado, não aceita passar um minuto do horário, mesmo que isso signifique deixar de finalizar um trabalho urgente. No jargão das corporações, esse funcionário é chamado de "cesta básica", aquele que dá "apenas para o gasto".

46

> Existe um conceito no mundo do trabalho chamado overdelivering, que, numa tradução livre, significa "entregar mais do que se pede". Se você pensa em algo grandioso para a sua carreira, comece desde já a "entregar" mais do que se pede, seja em um trabalho em grupo ou em uma tarefa individual.

Propósito

É muito importante saber aonde se quer chegar. Mesmo que você esteja dando os primeiros passos na carreira.

Existe um ditado chinês que diz: para atingir nossos objetivos, a primeira coisa a fazer é dar o primeiro passo. Mas desde o primeiro passo é fundamental ter um propósito.

Para o professor da Eaesp-FGV Luiz Carlos Cabrera, propósito é o que o move, o que o estimula a acordar mais cedo e a se dedicar com mais afinco. As empresas cada vez mais buscam jovens com propósito, que não estudam apenas para passar de ano e que certamente não trabalharão apenas pelo salário.

Muitos jovens mal entram em uma organização e já estão pensando em férias ou em promoção. As coisas não acontecem de um dia para o outro. Há muitas variáveis e percalços no caminho. Ser ambicioso não é um defeito, porém é preciso entender que o trajeto também pode ser prazeroso, e não apenas o ponto de chegada.

> PARA ALCANÇAR SEUS PROPÓSITOS, É PRECISO ESTABELECER METAS. AS METAS PODEM AJUDÁ-LO A SE ORGANIZAR E A FAZER TUDO EM TORNO DO SEU OBJETIVO. QUAIS SÃO SUAS METAS PARA ESTE ANO? E SEU PROPÓSITO PARA OS PRÓXIMOS?

MAIDENTRIP (2013)
Direção: Jillian Schlesinger. Documentário. 81 minutos.

O documentário mostra a aventura de Laura Dekker, uma garota neozelandesa de 14 anos que deu a volta ao mundo em um barco. Ela gravou toda a viagem. Imagine ficar sozinha em um barco durante 519 dias navegando 43.452 km e enfrentando ondas, tempestades, solidão e tendo de tomar todas as decisões.

A menina mostra uma maturidade incrível, nunca perde o bom humor e demonstra muita coragem nos momentos mais tensos. Sem contar o conhecimento de navegação e a capacidade de organização para comprar provisões e cozinhar. Laura Dekker se tornou a pessoa mais jovem a realizar uma viagem como essa.

Que responsa!

Trabalhe como se fosse o dono da empresa! Esse é um dos principais conselhos que os gestores dão para quem quer se dar bem no mundo do trabalho.

Não se trata de "puxar o saco" do chefe ou do patrão. No comprometimento, busca-se satisfazer a si mesmo. O escritor Gabriel García de Oro recriou uma história que ilustra esse comportamento.

A CATEDRAL

Christopher Wren, arquiteto encarregado da construção da Catedral de Londres, vestiu um disfarce e foi visitar o canteiro de obras da igreja, a fim de ver como os pedreiros trabalhavam.

Wren ficou pensativo ao observar três homens. Um trabalhava muito mal, o outro fazia suas tarefas a contento e o último, no entanto, dedicava-se de um modo superior aos outros dois. O arquiteto aproximou-se do primeiro homem e perguntou:

– Boa tarde, o que você faz?

– Eu? – respondeu o pedreiro. – Trabalho de sol a sol em uma profissão dura e cansativa. Todo dia não vejo a hora de terminar.

Wren chegou perto do segundo pedreiro e fez a mesma pergunta:

– Boa tarde, o que você faz?

– Estou aqui para ganhar dinheiro suficiente para manter minha mulher e meus três filhos.

O arquiteto finalmente se dirigiu ao terceiro trabalhador.

– Boa tarde, o que você faz?

O pedreiro levantou a cabeça e com um olhar altivo respondeu:

– Construo a Catedral de Londres.

ORO, Gabriel García de. "A catedral". In: *Era uma vez uma empresa* – A sabedoria das fábulas para ter sucesso nos negócios. Trad. Luís Carlos Cabral. Rio de Janeiro: Sextante, 2011. p. 109.

"No ano passado [2017], profissionais japoneses foram vítimas de *karoshi*, palavra que define a morte por excesso de trabalho. Após três décadas fracassando em conter os índices, o Ministério do Trabalho tomou uma atitude radical, divulgando uma 'lista da vergonha'. Nela, está o nome das 334 empresas mais nocivas aos trabalhadores japoneses. Temendo a exposição, as empresas resolveram se mexer."

"Cultura em xeque".
Revista *Você S/A*, abril. 2018, p. 17.

Para entender melhor

Ser comprometido não significa exceder a sua capacidade física e mental no trabalho. A pessoa que trabalha um número excessivo de horas por dia e mesmo nas horas de lazer só fala de trabalho está comprometendo sua saúde, mesmo que se orgulhe de sua conduta. O nome dado a quem age assim é *workaholic* (*work*: trabalho + *alcoholic*: alcoólatra), mais ou menos como se fosse um "alcoólatra do trabalho", pois, nesse caso, o trabalho funciona de forma semelhante a uma droga.

INTRAEMPREENDEDORISMO

Você sabia que algumas empresas têm um programa feito para funcionários que têm "pegada" empreendedora, mas não querem deixar de ser funcionários? Esse tipo de programa se chama intraempreendedorismo.

Empresas como Google, Intel, Porto Seguro, Facebook, Adobe e 3M incentivam o intraempreendedorismo entre seus funcionários. Não é bacana? A ideia é estimular o espírito empreendedor entre os funcionários, deixando que se dediquem a projetos em que acreditam dentro da corporação.

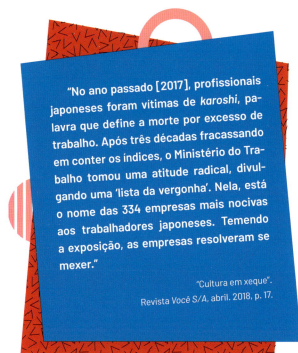

PENSANDO FORA DA LATA

Famosa por fabricar alimentos enlatados como atum e sardinha, a Gomes da Costa lançou um programa interno de inovação para estimular que os funcionários contribuam com novas ideias. A meta com esse projeto é ambiciosa: espera-se que, até 2020, 30% do faturamento seja proveniente de produtos criados a partir do programa, batizado de Ibelt.

[...] "Queremos que os colaboradores sejam multiplicadores da inovação, algo fundamental para construir o futuro da empresa", diz Santiago Blanco Sanchez, gerente de novos negócios da Gomes da Costa.

Revista *Você S/A*, março de 2016, p. 14.

49

Saiba receber críticas

No mundo do trabalho, como na vida, você vai se deparar com pessoas e grupos com as mais diferentes formas de pensar e de agir. É preciso ter "jogo de cintura" para se comunicar com cada um deles.

Flexibilidade

A flexibilidade é bastante útil na construção do *networking*. Sua rede de relacionamentos será muito ampliada se você demonstrar ser uma pessoa de fácil trato, que sabe aceitar críticas, o que não significa dizer "sim" para tudo. Saber dizer "não" também é um comportamento valorizado, pois mostra que você tem princípios.

Agora, olha que legal. Alexandre Costa, dono da empresa Cacau Show, costuma repetir em suas entrevistas que uma das coisas que mais o motivam é receber *feedback* dos consumidores. Receber um *feedback*, no entanto, não significa aceitá-lo. É preciso ter maturidade para analisar o elogio ou a crítica e verificar como isso pode agregar valor ao seu negócio e à sua vida.

Bom dia! Em que posso ajudar?

Desde o cumprimento, quando se chega a um recinto, até aquelas expressõezinhas muitas vezes esquecidas, como "por favor" e "obrigado", a lista de bons modos é grande e faz parte da etiqueta corporativa. Você já ouviu falar?

Por uma série de motivos, porém, essas regrinhas não escritas não costumam ser respeitadas nas empresas, conforme descreve este trecho de uma reportagem da revista *Gestão & Negócios*: "As pessoas hoje vivem de uma maneira tão agitada que muitas se esquecem das cordialidades no dia a dia, especialmente no ambiente corporativo. Assistimos a inúmeras pessoas nas relações de trabalho e percebemos algumas que estão sempre ranzinzas, mal-humoradas, não dão bom-dia, boa-tarde, se esquecem de perguntar como estamos, mas também nem se importam".

O conferencista e especialista em gestão de carreira Max Gehringer diz que o melhor lugar para observar o comportamento das pessoas em uma empresa é o elevador. Ali, segundo ele, elas mostram quem realmente são. Algumas, que vivem sorrindo para todo mundo no dia a dia, entram de cara fechada e não cumprimentam ninguém. Outras ficam paradas perto da porta, sem facilitar a passagem de quem quer entrar ou sair.

E você, acha que a educação é importante no convívio entre as pessoas? Que tal fazer uma autocrítica e refletir sobre sua conduta na escola?

©golubovystock/Shutterstock

Com o advento da internet, houve a necessidade de que a etiqueta fosse observada também no ambiente virtual. Deixar de responder a um *e-mail* ou respondê-lo depois de uma semana, por exemplo, é um comportamento mal visto nas empresas.

QUANTO TEMPO VOCÊ DEMORA PARA RESPONDER AOS SEUS *E-MAILS*?

Você sabia?

Nos últimos anos, muitas empresas têm investido em programas de qualidade de vida para seus funcionários. Isso porque elas perceberam que a pressão e o estresse do dia a dia costumam contaminar negativamente o ambiente de trabalho e comprometer a produtividade dos funcionários.
Assim, não apenas estão tornando os horários mais flexíveis, como têm proporcionado atividades como ginástica, massagem, salas de leitura e relaxamento, e convidado especialistas para fazer palestras sobre questões de saúde e educação financeira, por exemplo.
Agora, olha só! Algumas *startups* permitem que os funcionários levem seus animais de estimação para o trabalho.

E VOCÊ, O QUE ACHA? LEVARIA O SEU BICHO DE ESTIMAÇÃO PARA O AMBIENTE DE TRABALHO?

Ninguém merece

A falta de cordialidade chega ao limite quando um funcionário se vale do seu cargo para molestar um funcionário de um cargo inferior. Aí já não é apenas falta de cordialidade, mas uma violência e um crime que recebem o nome de assédio moral.

Normalmente quem sofre assédio moral vê sua vida transformada em um inferno. Muitas pessoas deixam de ter prazer no ambiente de trabalho e continuam sofrendo mesmo quando estão fora dele, como sugere a tirinha a seguir.

© Calvin & Hobbes, Bill Watterson / Dist. by © 1986 Watterson / Andrews McMeel Syndication

Muitas empresas possuem um documento interno chamado Código de Conduta, uma espécie de guia que estabelece as regras que os funcionários devem seguir na relação com os colegas e com a própria empresa.

VOCÊ JÁ TINHA OUVIDO FALAR?

51

Carlos Heitor Cony

Crônica

Nesta crônica, o escritor Carlos Heitor Cony (1927-2018) soube traduzir o quanto respeitamos quem faz do suor diário o seu ganha-pão.

O suor e a lágrima

Fazia calor no Rio, quarenta graus e qualquer coisa, quase quarenta e um. No dia seguinte, os jornais diriam que fora o dia mais quente deste verão que inaugura o século e o milênio. Cheguei ao Santos Dumont, o voo estava atrasado, decidi engraxar os sapatos. Pelo menos aqui no Rio, são raros esses engraxates, só existem nos aeroportos e em poucos lugares avulsos.

Sentei-me naquela espécie de cadeira canônica, de coro de abadia pobre, que também pode parecer o trono de um rei desolado de um reino desolante.

O engraxate era gordo e estava com calor – o que me pareceu óbvio. Elogiou meus sapatos, cromo italiano, fabricante ilustre, os Rossetti. Uso-o pouco, em parte para poupá-lo, em parte porque quando posso estou sempre de tênis.

Ofereceu-me o jornal que eu já havia lido e começou seu ofício. Meio careca, o suor encharcou-lhe a testa e a calva. Pegou aquele paninho que dá brilho final nos sapatos e com ele enxugou o próprio suor, que era abundante.

Com o mesmo pano, executou com maestria aqueles movimentos rápidos em torno da biqueira, mas a todo instante o usava para enxugar-se – caso contrário, o suor inundaria o meu cromo italiano.

E foi assim que a testa e a calva do valente filho do povo ficaram manchadas de graxa e o meu sapato adquiriu um brilho de espelho à custa do suor alheio. Nunca tive sapatos tão brilhantes, tão dignamente suados.

Na hora de pagar, alegando não ter nota menor, deixei-lhe um troco generoso. Ele me olhou espantado, retribuiu a gorjeta me desejando em dobro tudo o que eu viesse a precisar nos restos dos meus dias.

Saí daquela cadeira com um baita sentimento de culpa. Que diabo, meus sapatos não estavam tão sujos assim, por míseros tostões, fizera um filho do povo suar para ganhar seu pão. Olhei meus sapatos e tive vergonha daquele brilho humano, salgado como lágrima.

CONY, Carlos Heitor. "O suor e a lágrima".
In: *Eu, aos pedaços* – memórias. São Paulo: Leya, 2010. p. 114-115.

QUE SENTIMENTO O ESCRITOR DEMONSTROU DIANTE DO ATO DE TRABALHAR INSPIRADO PELO ENGRAXATE? E VOCÊ, DE QUE FORMA A CRÔNICA O SENSIBILIZOU?

EMPREENDEDORISMO

O que é empreendedorismo?

Um pouco de história

Os primeiros empreendimentos foram realizados na Antiguidade, nas primeiras civilizações de que temos conhecimento, principalmente entre os egípcios, assírios, gregos e fenícios. No Egito, por exemplo, os sacerdotes tomavam conta dos estoques de grãos e os fenícios eram exímios mercadores. E é muito conhecido o feito do filósofo e matemático grego Tales de Mileto, que fez a previsão de uma colheita recorde de azeitonas para a qual ninguém deu ouvidos, afinal, a colheita do ano anterior tinha sido um desastre.

Tales acreditou em sua previsão e alugou todos os **lagares** usados para beneficiar a azeitona e transformá-la em azeite. Sua previsão estava certa e Tales ficou rico da noite para o dia.

Muitos séculos depois, a ideia de empreender voltou a ser praticada pelo mercador veneziano Marco Polo (c. 1254-1324), em suas viagens pela Rota da Seda, na Ásia Ocidental, e pelas companhias comerciais europeias, que tinham como entrepostos as cidades italianas de Veneza e Gênova, lá no final da Idade Média.

Lagar: Dispositivo parecido com uma bacia onde se pisam frutos para extrair-lhes o sumo, como as uvas para fabricar o vinho ou as azeitonas para produzir o azeite.

Você sabia?
A palavra empreendedor é de origem francesa (*entrepreneur*) e significa aquele que realiza algo ou que toma para si uma empreitada.

Mosaico com o retrato do mercador Marco Polo.

Foi somente no século XVIII, com a Primeira Revolução Industrial, que o empreendedorismo começou a ganhar a forma que apresenta nos dias atuais. Com a invenção da máquina a vapor, o setor têxtil da Inglaterra impulsionou as inovações que deram origem à formação de uma classe de empresários e de uma massa de trabalhadores que pela primeira vez não trabalhavam como escravos ou servos, mas em troca de um salário.

Nascia, assim, o empreendedorismo moderno.

Vai que dá!

Não existe uma definição única para o empreendedorismo. Essa atividade, tão antiga quanto a humanidade, possui muitas conceituações justamente porque é muito diversificada.

Podemos chamar de empreendedorismo tanto a iniciativa dos jovens de origem humilde que vendem (muitas vezes de forma clandestina) produtos nos trens e metrôs das grandes metrópoles, como a do empresário que planeja construir um meio de transporte para levar turistas à Lua – caso do empreendedor sul-africano Elon Musk, proprietário das empresas Tesla Motors e SpaceX.

Nos dois casos, o que há em comum entre eles é a vontade de fazer algo, o uso de criatividade e imaginação para alcançar um resultado, a crença na ideia de que vai dar certo – talvez esta seja uma disposição que anime o espírito de todo empreendedor, do mais simples ao mais sofisticado.

Mas se você gosta de conceitos, vamos escolher o do professor e conferencista brasileiro Fernando Dolabela, que já escreveu mais de quinze livros sobre empreendedorismo:

"Empreendedor é alguém que provoca transformações por meio da inovação, produzindo valor positivo para a coletividade".

Painel do Tesla Roadster – carro projetado pela SpaceX e pela Tesla que pretende perambular pelo Universo –, onde se lê a frase "Don't panic!" ("Não entre em pânico!"), em referência ao livro O guia do mochileiro das galáxias, do britânico Douglas Adams.

©Ho/Spacex/AFP

Takkø Café, em São Paulo, com os sócios trabalhando no atendimento.

Por que não?

É difícil dizer em que momento alguém decide se tornar empreendedor. Muitos empresários já trazem desde cedo a vontade de realizar algo, outros descobrem esse desejo quando ainda são funcionários.

Por que não? Em algum momento, todo empreendedor se fez essa pergunta. Abrir o próprio negócio não é uma decisão fácil. Em geral, quem nasce em uma família de empregados é aconselhado a seguir o mesmo caminho. E a escola costuma preparar os estudantes para ser funcionários, e não patrões.

Para quem é jovem e está começando ou para quem já trabalha, a única certeza, caso decida se tornar empreendedor, é de que terá de conviver com o risco. Muitas vezes, porém, é exatamente o risco que atrai o empreendedor.

Entenda melhor

Cerca de 65% dos brasileiros desejam abrir um negócio, segundo pesquisa das empresas MindMiners e PayPal. Alguns têm os recursos, mas não possuem o conhecimento necessário. Outros têm experiência, mas não os recursos para encarar a empreitada. "Na transição de funcionário para empreendedor, o maior perigo é acreditar que a experiência, por si só, já é suficiente", afirma Juliano Seabra, diretor geral da Endeavour no Brasil.

O cientista político Bruno Caetano, que foi superintendente do Sebrae em São Paulo, assim definiu o empreendedorismo em seu livro *Manual do empreendedorismo – 74 dicas para ser um empreendedor de sucesso* (Gente, 2014):

"Quem abre um negócio obviamente almeja o sucesso, mas precisa se preparar para encarar o fracasso também. Ganhar ou perder é do jogo. A diferença está em planejar cada etapa, saber reduzir ao mínimo a possibilidade de as coisas darem errado, capacitar-se e só correr riscos calculados".

O empreendedor busca oportunidade em cada situação. No entanto, saber reconhecer seus limites também é fundamental.

E VOCÊ, NO QUE ACHA QUE É BOM? E QUAIS SÃO AS SUAS LIMITAÇÕES?

EMPREENDER NO BRASIL

O empreendedorismo nunca esteve tão em alta no Brasil. Todos querem empreender, principalmente os jovens. Por que será?

Existe certo *glamour* em se denominar dono de uma empresa. Embora muitos abram um negócio pensando em ser chefe e ter vida fácil, não é isso o que acontece. Há relatos de empreendedores que dizem ter trabalhado cerca de 16 horas por dia nos primeiros meses.

Yes, nós temos empreendedores!

Segundo a pesquisa de 2016, da *Global Entrepreneurship Monitor* (GEM), que coleta dados sobre empreendedorismo em quase cem países, em cada 10 brasileiros, 3 estão ou estavam envolvidos em um negócio próprio – ou seja, cerca de 48 milhões de pessoas (18,8 milhões deles com um negócio iniciado há menos de 3 anos e meio). E a tendência é de crescimento desse índice, que já ultrapassa gigantes do empreendedorismo, como Estados Unidos, Alemanha e China.

Um dos motivos, claro, é o alto desemprego que assola o país – quem perde o emprego muitas vezes usa a indenização para abrir um negócio –, mas também a vocação dos brasileiros para a criatividade.

©Leandro Martins/Ricardo Yoithi Matsukawa - ME/Sebrae-SP

Estande do Sebrae na Feira do Empreendedorismo, realizada em São Paulo, em 2018.

"TODO EMPREENDEDOR COMEÇA DESCASCANDO BATATAS."
(Steve Blank, blogueiro e empreendedor)

Você sabia? Enquanto nos Estados Unidos leva-se em média 4 dias para abrir uma empresa e na China 30 dias, no Brasil esse tempo é de 101 dias, ou seja, mais de três meses.

OS DOIS LOBOS

Certa noite, um velho indígena narrou ao neto o embate que as pessoas enfrentam dentro de si. Disse ele: "Meu filho, a luta ocorre entre dois lobos que vivem dentro de você. Um é o medo. Ele traz preocupação, ansiedade, incerteza, indecisão e inércia. O outro é a fé. Ela traz confiança, certeza, calma, entusiasmo, empolgação, decisão e ação". O neto pensou no que o avô acabara de dizer e, depois de um instante, indagou: "Vô, qual lobo ganha?". O experiente indígena respondeu: "Aquele que você alimenta".

[ENTREVISTA]

Cristiane Correa: "Siga o seu coração"

Ela era editora executiva em uma revista líder em seu segmento, mas resolveu largar tudo para perseguir um projeto pessoal: escrever a biografia de três dos maiores empresários brasileiros: Jorge Paulo Lemann, Beto Sicupira e Marcel Telles. O resultado foi o livro Sonho grande, *que virou best-seller. Depois Cristiane ainda escreveria a biografia de outro grande empreendedor, o empresário Abílio Diniz, fundador do Grupo Pão de Açúcar. Uma trajetória com uma alta dose de coragem, determinação e risco, ingredientes que fazem dessa jornalista uma empreendedora ao seu modo.*

©Germano Luders

Na escola, a aluna Cristiane Correa já queria ser jornalista?

Eu queria fazer educação física. Mas já gostava de ler e escrever, era meio cdf no ensino médio. Somente quando faltavam seis meses para o vestibular foi que decidi fazer jornalismo.

E como foi sua carreira no jornalismo?

Foi meio atabalhoada no início. Comecei como assessora de imprensa, trabalhei como repórter na revista IstoÉ e só depois entrei na Exame, onde fui repórter, editora e editora executiva. Eu era muito determinada e dedicada. Quando a revista me cobrava uma matéria por quinzena, eu queria fazer duas.

Que qualidades você acha que um bom jornalista deve ter?

Curiosidade, querer ir para a rua, se preparar antes de uma entrevista, ter boa apuração e qualidade de informação. Eu tive a sorte de trabalhar com gente muito boa. Levei muita "canetada" nos meus textos. Mas aprendi muito com as correções.

O que a levou a largar o emprego na *Exame* e se lançar em um projeto pessoal como escritora?

Foi uma decisão difícil. Eu tinha um ótimo emprego numa editora de ponta, e também recebi muito conselho de gente dizendo que livro não vende no Brasil. Mas eu tinha que contar aquela história.

E quando decidiu escrever?

A decisão levou mais ou menos dois anos. Mandei um e-mail para o Marcel, ele repassou para o Jorge Paulo, que disse que não tinha interesse em dar entrevista. Eu continuei insistindo. Quando percebi que eles não dariam a entrevista, decidi fazer por conta própria.

Que qualidades você destacaria no Jorge Paulo e no Abílio como responsáveis pelo sucesso deles?

No Jorge Paulo, a capacidade para identificar gente comprometida com os valores da empresa e a simplicidade. No Abílio, a resiliência, a capacidade de se levantar a cada queda. Os dois têm em comum a ambição, a vontade de fazer, a competitividade. Não é por acaso que os dois praticam esportes. O Abílio está com 81 anos; o Jorge Paulo, com 79. Eles são bilionários, mas continuam querendo fazer. Quer dizer, não é só pelo dinheiro, mas pela vontade de fazer.

Que conselho profissional você daria a um estudante que está prestes a entrar no mercado de trabalho no cenário atual?

Tentar ser o melhor. Não o segundo nem o terceiro, mas o melhor. Claro que precisamos pagar as contas, mas o dinheiro não deve ser o objetivo principal. O principal é fazer aquilo de que se gosta.

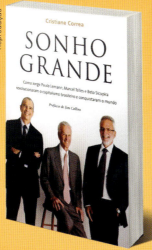

Em Sonho grande (Sextante/GMT, 2013), Cristiane Correa escreveu sobre o "trio" Jorge Paulo Lemann, Beto Sicupira e Marcel Telles, três dos maiores empresários brasileiros.

Abílio Diniz, fundador do grupo Pão de Açúcar e atualmente sócio do grupo Carrefour, foi outro biografado por Cristiane Correa na obra Abílio – Determinado, ambicioso, polêmico (Sextante/GMT, 2015).

Planejamento

Cá entre nós: você costuma planejar quando quer fazer alguma coisa? Nem sempre planejamos, não é mesmo?

Uma viagem, por exemplo. Às vezes decidimos viajar de uma hora para a outra, sem refletir muito. E o passeio acaba sendo melhor do que se tivéssemos planejado com antecedência.

Já aconteceu com você?

Isso funciona com coisas cotidianas, mas não quando se pensa em abrir uma empresa. Empreender exige muito planejamento. E nem assim é garantia de que vai dar certo.

Você sabia? A palavra *benchmarking* parece complicada, mas significa algo bem simples, que costumamos fazer no dia a dia sem perceber: observar quem faz bem feito e comparar com o que a gente faz. Não é copiar modelos ou roubar ideias, mas estabelecer uma referência de qualidade que queremos para a nossa vida, o nosso trabalho e o nosso negócio.

OPORTUNIDADES

Em nosso dia a dia, muitas vezes as oportunidades aparecem sem que a gente espere. Assim também é no empreendedorismo. Muitos negócios começaram sem que seu dono tivesse planejado. Às vezes é um lance de sorte ou de acaso. Ainda assim, para que o negócio dê certo dali para a frente, é preciso ter as habilidades necessárias para desenvolvê-lo. E, claro, o planejamento não pode faltar.

No planejamento, uma coisa muito importante são as metas. Já falamos delas no tópico sobre propósito. As metas possibilitam mapear nossos passos futuros. Assim, fica mais fácil saber onde queremos chegar e como.

Quais são suas metas para os próximos anos?

NETWORKING

Muita gente acha que fazer networking é cultivar pessoas com cargos importantes para conseguir emprego. Nada mais falso. O networking é bem mais do que isso.

Você certamente deve ter um amigo ou amiga que o acompanha desde a infância. Muitas dessas amizades irão acompanhá-lo por muitos anos, algumas pela vida inteira. O *networking* tem muito a ver com esse tipo de relação.

Uma das principais características do *networking* é a naturalidade. Se a coisa parecer forçada, você estará queimando o seu filme.

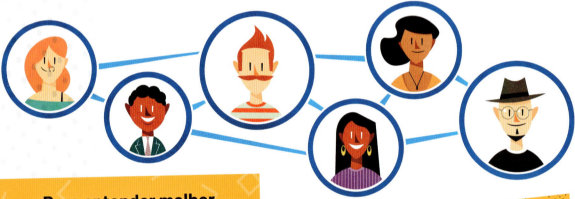

Para entender melhor

Se você é extrovertido e tem interesse pelas pessoas, terá mais facilidade de criar e manter uma boa rede de relações que poderá ser proveitosa para o seu futuro profissional. Mas essa rede deve se basear na amizade, no compartilhamento de conhecimentos e dificuldades, na empatia, e não apenas em quando se precisa de algo.

Se você é mais introvertido, deverá desenvolver algumas habilidades e competências para que não fique em desvantagem. Afinal, somente no Brasil são cerca de 27 milhões de pessoas cadastradas no LinkedIn, a rede social voltada para profissionais.

No mundo, são feitas mais de 60 bilhões de buscas mensais no Google, enviados mais de 2 trilhões de mensagens de celular e mais de 1 trilhão de *e-mails* por ano, segundo o *site* The Now Network. Não tem sentido ficar isolado, não é?

Olha só

Uma dica para quem é introvertido é começar a criar relações pelas afinidades pessoais. É bem mais fácil se aproximar de alguém que tem os gostos parecidos com os nossos.

62

INTELIGÊNCIA RELACIONAL

Há alguns anos, um tipo de inteligência virou moda, a inteligência emocional, que é a capacidade de manter o equilíbrio diante da pressão no dia a dia. Atualmente, com a internet e as redes sociais, outro tipo de inteligência está sendo valorizada: a inteligência relacional.

Como o nome diz, trata-se da habilidade para valorizar as relações pessoais, interessar-se pelas pessoas, ouvi-las, colocar-se no lugar delas, ter empatia, pensar no coletivo.

Você conhece alguém que é assim? E como anda a sua inteligência relacional?

Segundo alguns estudos, entre 80% e 90% das oportunidades de trabalho aparecem pelos nossos contatos pessoais ou virtuais. Por isso, é importante que você cultive o seu "capital social", a rede de interações e compartilhamentos de uma pessoa baseada na confiança.

Há também o que se denomina pejorativamente de QI (Quem Indica) – que não é a mesma coisa que o "capital social". Quando se usa a expressão QI, há uma certa conotação de que a pessoa conseguiu a vaga apenas pelo contato, e não por seus conhecimentos profissionais. Em certos casos, não deixa de ser verdade.

Quando isso acontece, o sentido do *networking*, de certo modo, está sendo desvirtuado.

Empatia, sua linda!

Empatia é basicamente a habilidade de se colocar no lugar do outro. Mas não é só isso. O empático sabe escutar quando você quer falar, e não vai julgá-lo pelo que você diz, mas buscar compreender a razão por trás das suas palavras. O empático é transparente, e se precisar dizer algo de que você não goste, saberá falar de um jeito que você perceba que é uma crítica construtiva.

Agora que você já sabe o que é empatia, responda: você conhece alguém que é empático? E você, como se define em relação a essa habilidade?

Corra riscos!

Só crescemos na carreira e na vida quando corremos riscos.

Uma das frases mais conhecidas de Mark Zuckerberg, o fundador do Facebook, é: "O maior risco é não correr riscos". Quem assistiu ao filme *A rede social* pôde ver quantos riscos ele correu antes de se tornar uma das pessoas mais influentes da atualidade.

A REDE SOCIAL (2010)
Direção: David Fincher. Drama, 120 min.

O filme conta a história da criação da rede social Facebook em 2004, na Universidade de Harvard, nos Estados Unidos, pelo então estudante Mark Zuckerberg.

A história mostra as polêmicas em que ele se envolveu e a inspiração inicial da rede, um *site* chamado Facemash.

A popularidade do Facemash chamou a atenção dos gêmeos Cameron e Tyler Winklevoss, que convidaram Zuckerberg a trabalhar para eles em um *site* chamado Harvard Connection. Mas Zuckerberg já tinha em mente o Thefacebook.

A IMPORTÂNCIA DO FRACASSO

Ninguém gosta de perder, não é mesmo? Mas, ao contrário do que se divulga, o fracasso não é esse vilão que todos pensam. Muitos empresários atribuem parte do que aprenderam aos seus fracassos. Alguns chegam a dizer que, se não fossem os fracassos e frustrações, não teriam chegado aonde chegaram.

Mais importante do que fracassar é aprender com as derrotas. Podemos aprender com os nossos erros e com o erro dos outros.

> "Ninguém gosta de falar que fracassou, até para não dar aquela satisfação para quem torcia contra. A palavra *schadenfreude* é alemã, mas serve para descrever um sentimento comum: aquela felicidade que todo mundo já sentiu uma vez ao ver o outro falhar."
>
> "Aprenda com seus erros". Revista Você S/A, fev. 2018, p. 20.

Como as pessoas acham que é.

Como realmente é.

> "TENTE NOVAMENTE. FRACASSE NOVAMENTE. FRACASSE MELHOR".
> (Samuel Beckett, escritor irlandês)

Se errar, assuma

Quantas vezes culpamos o professor por uma nota baixa ou reprovação, o motorista do outro carro por uma "barbeiragem" cometida por nós no trânsito, os políticos por uma conduta que nós mesmos praticamos no dia a dia?

De acordo com o consultor João Cordeiro, autor do livro *Desculpability – Elimine de vez as desculpas e entregue resultados excepcionais* (Évora, 2015), "nosso mecanismo de desculpas é como o *hardware* do computador: já vem instalado de fábrica".

A postura mais profissional de quem comete um erro é assumi-lo e comunicar as pessoas que foram afetadas pelo erro. Se você não tem o hábito de assumir seus deslizes, comece a fazer isso desde já. A ética agradece.

Você sabia? Em 2011, o governo da Finlândia criou o Dia da Aceitação da Falha. Nesse dia, as pessoas compartilham erros e deslizes que já cometeram. O objetivo é desenvolver uma "cultura da aceitação" e tirar a carga depreciativa do conceito de fracasso.

Ajuste o foco!

Vá até o quintal ou jardim, pegue uma folha de papel e coloque-a em uma superfície onde bate sol. Deixe-a ali por alguns minutos. A folha continuará intacta, certo? Isto se chama dispersão. Agora, pegue a mesma folha e, munido de uma lente e com a supervisão de um adulto, dirija a ela os raios solares filtrados pela lente. Em alguns segundos a folha pegará fogo. Isto é foco.

Quando focamos em algo, concentramos toda a nossa energia em um único objetivo. Quando estamos dispersos, nossa energia fica diluída em vários pontos, sem obter resultado algum. Quantas vezes fazemos um trabalho consultando o celular de cinco em cinco minutos ou com a televisão ligada?

Quando focamos em apenas uma coisa, todas as outras passam a ser secundárias. Quando fazemos a coisa mais importante, melhoramos a qualidade do que estamos fazendo.

©sydeen/Shutterstock

"Foco é dizer não!"
(Steve Jobs)

Lei de Pareto, já ouviu falar?

Não, não se trata de mais uma lei da física ou da química! Vilfredo Pareto (1848-1923) foi um economista italiano que constatou que 20% das coisas que fazemos são responsáveis por 80% dos nossos resultados. Não é surpreendente?

Esse princípio, que também é chamado de Lei 80/20, pode ser aplicado em várias situações. Quando lemos um livro, por exemplo, apenas cerca de 20% de seu conteúdo são agregados ao nosso conhecimento, pois nossa mente não tem capacidade para absorver tudo. Em nosso círculo de amizades, apenas cerca de 20% dos amigos são os que realmente importam. Na nossa alimentação, 20% dos alimentos que comemos diariamente são responsáveis pela nossa energia e pelo nosso bem-estar.

Pense nisso.

Crie o hábito de fazer listas

O que a Lei de Pareto mostra é que as coisas não são iguais. Se você tem uma lista de 10 coisas para fazer, eleja as duas mais importantes (20% da lista) e se concentre nelas. Certamente você vai perceber que:

- Fará melhor e mais rapidamente essas duas coisas, pois estará focado somente nelas, em vez de tentar fazer as dez ao mesmo tempo;
- Entre as oito restantes, algumas não eram tão importantes assim.

Veja o que disse Rodrigo Oliveira, dono do restaurante Mocotó, em São Paulo, em depoimento à revista *Pequenas Empresas & Grandes Negócios*:

"Carrego comigo um Mac Book Air e uma agenda Moleskine. Quando um não funciona, o outro me socorre. Aprendi com a minha esposa o valor de fazer listas. O simples fato de colocar as tarefas no papel – ou na tela – parece deixar tudo mais plausível. O desafio é separar o que é urgente do que é importante".

[ENTREVISTA]
Carlos Wizard

De origem humilde, Carlos Wizard começou a empreender desde cedo. Na juventude, estudou nos Estados Unidos, onde aprofundou seus estudos sobre gestão e negócios e em 1987 fundou a escola Wizard. É dono também da empresa Mundo Verde, de produtos naturais, entre outras companhias.

Que qualidades do aluno Carlos Wizard já antecipavam o empreendedor que você viria a ser?

Com doze anos, eu acompanhava meu pai nas viagens pelo interior do Paraná, vendendo produtos. Minha mãe era costureira. Eu saía de porta em porta oferecendo as peças de roupa que ela fazia. Aprendi a empreender desde cedo e, de certa forma, meu desempenho escolar não era tão bom quanto meu desempenho como empreendedor.

Que influências você teve dos seus pais?

Desde pequeno, ouvia minha mãe dizer: pense grande, pense positivo, querer é poder. Meu pai me ensinou o valor do trabalho e da integridade. Quando comecei a dar aulas de inglês, confiava no projeto que estava desenvolvendo e sempre tive o apoio de minha esposa.

Em que momento sentiu que poderia tornar-se empreendedor?

Quando retornei ao Brasil, comecei a dar aulas de inglês em casa. Então pensei em abrir uma escola. Estávamos no final da década de 1980, com uma inflação alta, planos econômicos mudando a cada seis meses. Mesmo assim, resolvi abrir uma escola.

Quais foram os obstáculos em sua trajetória?

O empresário precisa estar preparado para vencer uma maratona de obstáculos. Em vez de ficar abatido, é necessário ir além e usar a criatividade e a capacidade empreendedora. Todas as experiências são importantes para o amadurecimento.

Você possui algum método de trabalho?

Costumo dizer que ninguém fez algo grandioso sozinho. Todos os que venceram cercaram-se de profissionais qualificados. Portanto, a fórmula para prosperar nos negócios é ter pessoas capacitadas ao seu lado.

A que você atribui o sucesso da Wizard?

Acho que o principal foi focar nas pessoas. Se tenho a percepção de que um aluno de inglês tem uma expectativa e sou capaz de atendê-la, vou ter sucesso. O mesmo acontece com o consumidor de produtos naturais. No fundo, o êxito do negócio é atender bem a uma necessidade do mercado.

Que conselho você daria a um estudante que está prestes a entrar no mercado de trabalho?

Acredite em si mesmo, no seu potencial, no seu sonho e nas oportunidades disponíveis ao seu redor.

E que conselho daria a um jovem que pensa em se tornar empreendedor?

É preciso desde o início seguir algumas lições básicas, como planejamento, controle de custos, estudo de mercado, conhecimento do cliente, investimento em marketing, qualidade, atendimento etc. Além do desafio inicial, vão aparecer outros, como falta de dinheiro, respostas negativas. Por isso, empreender é, antes de tudo, um exercício de aprendizados, humildade, persistência, tentativas, erros e acertos, além da superação diária de obstáculos.

© Davi Ribeiro/Folhapress

O empresário Carlos Wizard em uma das lojas da rede Mundo Verde, de produtos naturais, da qual é o fundador.

Procurando ajuda

O que você faz quando precisa de ajuda na escola? Ou quando tem algum problema particular? Se abre com os amigos ou procura a orientação de um adulto? Nas empresas, é cada vez mais comum receber a orientação de um mentor.

O termo *mentor* tem origem na Grécia antiga. Odisseu, rei de Ítaca, ao partir para a Guerra de Troia, deixou sua família e seus bens sob os cuidados de seu amigo Mentor, mestre e conselheiro de seu filho Telêmaco. É daí que vem o sentido dessa palavra, que significa "professor", "tutor" ou "amigo em quem se confia".

Quando um funcionário precisa ser treinado em um novo cargo, a empresa coloca um mentor para ajudá-lo. Ou quando um funcionário quer mudar de emprego ou pedir promoção, ele pede a orientação de um mentor.

Mas, lembre-se: o mentor nunca dá a palavra final, ele apenas orienta. Quem sempre decide o que vai fazer é o mentorado ou mentoreado, o nome que se dá a quem recebe mentoria.

Quer ser o meu mentor?

Agora, olha que legal. Sabia que você pode ter um mentor e não saber? Ou ser o mentor de alguém sem desconfiar disso?

Pois é, sabe aquele amigo ou amiga que você admira ou em quem confia e que você procura para pedir conselhos ou conversar nos momentos difíceis? Ele ou ela é uma espécie de mentor para você.

Ou aquele amigo ou amiga que vem procurá-lo em momentos de crise? Você pode estar fazendo o papel de mentor nessas situações.

Isso porque a mentoria não precisa acontecer somente em uma empresa. Nem tem a ver com idade: você pode ser o mentor ou mentora de alguém mais velho ou ter como mentor alguém mais novo do que você.

©Prostock-studio/Shutterstock

E ENTÃO: JÁ DESCOBRIU SE VOCÊ É MENTOR DE ALGUÉM OU SE TEM UM MENTOR INFORMAL?

Em seu livro Mentoria – Elevando a maturidade e desempenho dos jovens (Integrare, 2015), o consultor em gestão empresarial Sidnei Oliveira recomenda, sobretudo aos mais novos: "Se você, jovem, está se perguntando 'Cadê o meu mentor?', lembre-se de que, mais próximo do que você imagina, há um veterano perguntando 'Cadê o meu aprendiz?'".

Você tem um guru?

O termo *guru* vem do sânscrito, uma língua muito antiga, e significa "aquele que dissipa a escuridão".

O guru é uma pessoa a quem se atribui grande carisma e sabedoria e cujos pensamentos e ações servem de modelo a alguém. Pode ser um artista, um esportista, um cientista, um pensador, um professor, um gestor, o autor de um livro que você leu ou alguém que você admire e respeite. Pode até ser mesmo alguém da sua família, como seu pai ou sua mãe. Não é bacana?

DEU PARA PERCEBER COMO O GURU É MUITO PARECIDO COM O MENTOR?

"A existência de modelos de carreira e de vida é fundamental numa sociedade plural e emergente como a nossa. Não para que sejam copiados, mas para que sirvam de referência em relação a quais caminhos seguir."

Luiz Carlos Cabrera, professor da Eaesp-FGV. Revista *Você S/A*, maio de 2017, p. 88.

Teorias empreendedoras

A maioria dos empreendedores não gosta de criar teorias, mas de botar a mão na massa. Alguns, porém, acabam criando teorias de grande valor para quem empreende. Vamos conhecer algumas?

Queime as pontes

No início da carreira, o empreendedor brasileiro Erico Rocha trabalhava em um banco em Londres. O cargo tinha *glamour*, ele ganhava bem e dominava o que fazia, mas se sentia incomodado com aquela zona de conforto. Queria mudar, mas temia se arriscar e perder o que havia conquistado. Até que ouviu a história de um general chinês que foi a uma guerra com sua tropa. Em certo momento, o general e seus soldados atravessaram uma ponte. Quando viu que todos já haviam atravessado, ele ordenou que a ponte fosse queimada, pois assim não haveria possibilidade de recuo e os soldados teriam de dar tudo de si na batalha, pois não havia outra opção.

Depois de ouvir esse relato, Erico Rocha decidiu sair do banco. E foi na situação de não ter para onde correr que ele teve a ideia de sua primeira empresa. "Quando se queima a primeira ponte, fica mais fácil perceber quantas pontes existem pelo caminho que ainda deverão ser queimadas. Hoje me vejo diariamente queimando pontes", diz ele.

RESOLVA!

Para Marcus Vinícius Freire, ex-jogador de vôlei e ex-diretor executivo do Comitê Olímpico do Brasil (COB), a atitude mais valiosa em um funcionário ou empreendedor é a capacidade de resolver problemas. Filho de militar, ele estudava em colégio militar, onde a reprovação escolar significava ter que deixar a escola.

Isso estava prestes a acontecer no 6º ano. Foi quando seu pai o chamou e disse: "Resolva!". Desde então, essa expressão passou a fazer parte de sua forma de agir. Suas notas melhoraram, ele se formou no Colégio Militar e, no ano seguinte, entrou na melhor universidade de Porto Alegre.

"Não importa quantos problemas se apresentem e quão difíceis pareçam ser, meu pai me ensinou que isso nada mais é do que parte do jogo. Resolver não é negociável, é necessário!", escreveu ele em seu livro, que se chama justamente *Resolva!* (Gente, 2014).

COMECE ALGO

"Qual foi a última vez que você fez algo pela primeira vez?". Essa pergunta está no subtítulo do livro *Quebre as regras e reinvente*, do empreendedor e blogueiro norte-americano Seth Godin (Agir, 2012). Para ele, um dos segredos para se dar bem no mundo dos negócios é ter a iniciativa de fazer as coisas, e não apenas esperar instruções para realizá-las. "Começar, passar do ponto em que não há volta. Dar o salto. Comprometer-se. Fazer algo acontecer", diz Godin em seu livro.

SEJA O MELHOR NAQUILO QUE IMPORTA

Para o consultor norte-americano Joe Calloway, devemos concentrar nossa energia naquilo em que realmente somos bons, deixando todo o resto em segundo plano. Essa é a ideia básica de seu livro *Seja o melhor no que realmente importa* (Gente, 2014). "Os grandes vencedores nos negócios não são os que fazem 'de tudo', mas os que fazem o mais importante." Ele defende que é preciso simplificar e se concentrar naquilo que toca a nossa mente e o nosso coração de modo profundo.

O astro jamaicano Usain Bolt após uma vitória, fazendo seu gesto típico.

Economia criativa

Você se acha uma pessoa criativa? Costuma compartilhar seus conhecimentos? Gosta de trabalhar com cultura? Então a economia criativa tem a ver com você.

Uma modalidade de produção que vem crescendo no mundo atual é a economia criativa. Essa forma de gerar valor não produz apenas produtos e serviços que podem ser usados e descartados, mas emoção, experiência, inteligência, cultura, consciência ambiental, recursos que se multiplicam quanto mais são usados.

Criada na Austrália em 1994, a economia criativa busca aproveitar as oportunidades geradas pela globalização para potencializar a economia com base na colaboração e na identidade de um país. Segundo o Pnud, o Programa das Nações Unidas para o Desenvolvimento, trata-se de um dos principais propulsores da economia do futuro. "As boas soluções precisam nascer na cultura e no local em que os problemas estão inseridos. Não dá para apenas importar respostas", afirma John Newbigin, presidente da agência Creative England, que busca consolidar a economia criativa na Inglaterra.

Você sabia?

A economia criativia abrange treze áreas de negócios de âmbito cultural e simbólico: artes e antiguidades, artes cênicas, artesanato, música, moda, arquitetura, publicidade, cinema e vídeo, *design*, editoração, televisão, rádio e *softwares* de lazer.

Apresentação de artistas do Cirque du Soleil, companhia de teatro circense que inventou o circo contemporâneo.

Grafite do grupo 6EMEIA, que faz intervenções em bueiros das ruas de São Paulo de forma educativa e bem-humorada.

Entenda melhor

Em um mundo competitivo, no qual a criatividade e a inovação são fundamentais, a economia criativa gera novas linguagens e novos modelos de gestão ao integrar várias áreas da produção, da cultura e do conhecimento. Assim, promove a sustentabilidade, gerando emprego, renda, inclusão, bem-estar e qualidade de vida. A participação da economia criativa no PIB dos países tem crescido.

VOCÊ TALVEZ NUNCA TENHA OUVIDO FALAR DA ECONOMIA CRIATIVA, MAS É SÓ OLHAR EM VOLTA PARA VER QUE ELA FAZ PARTE DO SEU DIA A DIA.

ECONOMIA COLABORATIVA

Gostou da economia criativa? Então conheça agora a economia colaborativa. Como o nome diz, sua principal característica é a colaboração ou parceria.

Nos Estados Unidos, onde cerca de 90 milhões de profissionais já atuam nesse tipo de economia, ela é chamada de *gig economy*.

Um bom exemplo de economia colaborativa é a empresa Airbnb, que transforma proprietários de imóveis em hospedeiros para turistas; ou o Uber, que faz parceria com motoristas para oferecer transporte de qualidade.

Você sabia?

Um tipo de economia que vem ganhando adeptos é a economia circular, que se baseia no reaproveitamento de tudo – uso de energia renovável, de materiais reutilizáveis, prolongamento da vida útil dos produtos, troca de mercadorias. Por trás dessa ideia está a ruptura com o atual sistema de consumo, com forte impacto na diminuição do lixo produzido no mundo. Além dos benefícios ambientais, a economia circular poderá gerar uma fonte de renda significativa.

Startups

As startups *viraram febre entre jovens empreendedores*. *De repente, qualquer negócio passou a ser chamado de* startup. *Saiba por que nem toda empresa é uma* startup.

Funcionários da startup paulistana Kavod Lending, em 2018.

A mídia tem passado a imagem das *startups* como empresas onde os chefes não ficam no seu pé, você tem autonomia para tomar decisões, não há horários fixos e todo mundo ajuda todo mundo. Ah, sim, as *startups* também têm fama de lugar em que se ganha muito dinheiro.

Bom, não é bem assim. Quem trabalha em uma *startup* tem que ralar muito, principalmente quando ela está na etapa inicial, e o final nem sempre é feliz.

Mas também é verdade que trabalhar em uma *startup* é diferente de trabalhar em uma empresa convencional.

Nesse tipo de empresa, que começou a aparecer lá no Vale do Silício, nos Estados Unidos, entre os anos 1970 e 1980, ainda que o trabalho em equipe seja fundamental, o profissional se sente fazendo parte da evolução do negócio, podendo perceber o impacto imediato do seu trabalho nos resultados. Claro que isso significa mais responsabilidade. Se você quer trabalhar em uma *startup*, precisa saber se autogerenciar, ter iniciativa e saber lidar com pressão o tempo todo.

Por falar nisso, você sabe o que significa a expressão inglesa *START UP*?

Você sabia? Segundo um estudo da <mark>aceleradora</mark> Startup Farm, entre 2011 e 2016, cerca de 74% das startups brasileiras fecharam nos cinco primeiros anos de funcionamento.

Aceleradora: Empresa privada que dá apoio a uma *startup* visando "acelerar" o desenvolvimento do negócio e, em caso de êxito, tornar-se sócia minoritária dele. É diferente de uma **incubadora**, que também dá apoio às *startups*, porém é uma organização pública, geralmente vinculada a uma universidade e que não visa o lucro.

Entenda melhor

Quando você tem a "sacada" de algo que pode ser repetido em escala, sem limites e sem precisar modificar o produto, gerando um lucro rápido, seu negócio está funcionando como uma *startup*.

Obviamente que sem a internet tudo isso ficaria muito difícil. A *web* torna a expansão do negócio bem mais fácil, rápida e barata, por causa do poder de reprodução do produto.

Você sabia? No universo das *startups*, quando uma empresa de tecnologia passa a valer mais de um bilhão de dólares, ela recebe o apelido de unicórnio. A analogia com essa figura mitológica foi feita pela investidora norte-americana Aileen Lee em um artigo publicado em 2013, no qual ela disse que uma empresa que alcança esse valor é tão difícil de encontrar quanto um unicórnio.
Atualmente existem 233 unicórnios no mundo. Juntos eles valem 781 bilhões de dólares.

OS PAÍSES COM MAIS UNICÓRNIOS SÃO:
- China 64 unicórnios
- Estados Unidos 114 unicórnios
- Índia 10 unicórnios
- Inglaterra 13 unicórnios
- Alemanha 4 unicórnios
- Brasil 2 unicórnios

Investidor-anjo

Uma etapa importante para que uma startup dê certo é o momento de receber investimentos. Isso acontece depois que o produto já se mostrou viável. Ninguém vai investir em um produto que não seja bom, não é mesmo?

Um tipo de investidor que ficou muito popular no universo das *startups* é o investidor-anjo. Mas não se engane: o investidor-anjo não faz caridade ou filantropia. Ele é um empreendedor que vai apostar no seu produto — principalmente se ele for inovador, ou seja, não for facilmente "copiável" pelos concorrentes —, injetando dinheiro nele, desde que acredite que o negócio possa bombar.

Ele também vai compartilhar a rede de contatos dele, passando o conhecimento que tem para que sua *startup* prospere. O que ele quer, no final, é virar sócio da sua *startup* e recuperar o dinheiro que investiu.

Há outras formas de alavancar uma *startup*. Uma delas é o *crowdfunding*, uma "vaquinha virtual" por meio da qual você busca investidores anônimos que podem ter interesse no seu negócio. Outra possibilidade é buscar ajuda na família. Seus pais podem contribuir para que você dê o pontapé inicial no seu negócio. Sem contar que você pode começar uma *startup* na sua própria casa, o que vai gerar uma boa economia.

Mas saiba: depois é com você.

Garotos de 9 e 10 anos criam *startup* de pagamentos *on-line*

Ainda na escola, Kieran Mann, 9 anos, e Rohan Chopra, 10, já são pequenos empreendedores. A dupla apresentou sua *startup* Beanstocks durante o TechCrunch Disrupt's Hackathon, que acontece nos Estados Unidos.

Segundo o TechCrunch, os dois impressionaram a plateia com um *pitch* "matador". A Beanstocks desenvolveu um *app* que permite aos pais fazer pagamentos aos filhos através de contas bancárias. O aplicativo tem versões diferentes para pais e filhos.

A ideia dos meninos é que as crianças se acostumem desde cedo com o funcionamento de bancos e dinheiro, aposentando de vez o cofrinho.

Revista *Pequenas Empresas & Grandes Negócios*, 21 set. 2015. Disponível em: http://goo.gl/Qh5d4C. Acesso em: 11 jan. 2019.

Mude seu *mindset*, amplie seu *know-how*

No empreendedorismo, grande parte dos termos está em inglês. Veja abaixo a tradução de alguns deles e o que significam no mundo do business, ou melhor, dos negócios.

B2B: Sigla de *business to business*, comércio de empresa com empresa.

B2C: Sigla de *business to consumer*: comércio feito diretamente entre a empresa e o consumidor final.

Big data: Análise de um grande volume de dados gerados por sensores.

Brainstorming: Reunião para se encontrar de forma livre e criativa uma ideia ou um nome original (para uma empresa, por exemplo) – como se fosse uma "tempestade de ideias".

Briefing: Lista de informações para uma reunião ou trabalho. É muito comum antes de uma reunião "brifar" as pessoas que vão participar dela.

CEO: O presidente ou diretor geral de uma empresa, sigla de *Chief Executive Officer*.

Commodity (commodities): Mercadoria com pequeno grau de industrialização, em geral produtos agrícolas (café, soja, açúcar) ou minerais (cobre, aço, ouro) de grande valor no mercado internacional.

Coworking: Espaço de trabalho compartilhado que possibilita o relacionamento e a troca de conhecimentos.

Crowdfunding: Financiamento coletivo de um projeto pela contribuição de pequenas quantias feitas por pessoas físicas interessadas no negócio.

Deadline: Prazo final para a entrega de um trabalho, sem adiamento.

E-bay: *Site* para comercialização de produtos.

E-commerce: Comércio eletrônico – o mesmo que *e-business*.

Expertise: Experiência, prática, perícia, conhecimento técnico.

Franchising: Licença (franquia) para uso de uma marca, pela qual se paga uma quantia, com a obrigação de operar de acordo com o padrão da empresa franqueadora.

Home office: Escritório em casa; *home officer* é o profissional que faz de sua casa seu escritório.

Know-how: Em tradução literal, "saber como fazer"; conhecimento, habilidade, experiência, *expertise* em um determinado assunto.

Manager: Diretor, gerente, gestor.

Marketing: Departamento de uma empresa que busca atender às necessidades do cliente visando aumentar as vendas. O *marketing* digital cumpre a mesma função, mas com ferramentas e metodologias digitais.

MBA: Sigla de *Master in Business Administration*, curso de extensão em nível de mestrado na área de administração e negócios.

Mindset: Modelo mental.

PME: Sigla de Pequenas e Médias Empresas. Uma pequena empresa possui de 10 a 49 funcionários; uma empresa média, entre 50 e 249.

Self made man: Em tradução literal, "homem que se faz por si mesmo".

EUREKA!

Assim como a roda, muitas invenções hoje nos parecem óbvias. Mas ninguém tinha pensado nelas antes de alguém ter a ideia de produzi-las.

Amazon

Olha que interessante. Até surgir a livraria *on-line* Amazon, você precisava ir até uma livraria física para comprar um livro. Em 1994, com a internet ainda no início, o jovem empreendedor norte-americano Jeff Bezos teve a ideia de vender livros pela rede. Desde então, basta ter um computador ou celular com internet para entrar em uma das livrarias *on-lines* que apareceram depois da Amazon, escolher uma obra e esperar a entrega em casa.

Wikipedia

A Wikipedia é a enciclopédia *on-line* mais popular da internet, com mais de 500 milhões de visualizações por dia. Os colaboradores trabalham sem remuneração e têm liberdade para escrever sobre o assunto que quiserem. Fundada em 2001 por Jimmy Wales, é o sexto *site* mais acessado do mundo. Projeto sem fins lucrativos, mantém-se com as doações dos usuários e da contribuição das mais de 60 milhões de pessoas cadastradas.

SERENDIPIDADE... DIABEÍSSO?

O nome assusta, mas seu significado é fácil de entender. Sabe aquela situação imprevista na qual você acaba conhecendo alguém interessante ou descobrindo uma coisa legal? Pois então, isso é serendipidade, palavra que vem do inglês *serendipity*.

Muitos produtos nasceram de uma situação de serendipidade, ou seja, num lance de acaso. Vamos conhecer alguns deles.

80

Post-it

No início dos anos 1970, o engenheiro químico norte-americano Art Fry era funcionário da 3M (que na época se chamava Minnesota Mining and Manufacturing Company). Ele cantava no coro de uma igreja e, para marcar os hinos no livro, usava pedaços de papel entre as páginas. Em um domingo de 1974, foi se levantar e o livro de hinos caiu, espalhando os pedaços de papel no chão. Ali ele teve o *insight* de um marcador de página que tivesse uma cola de pouca aderência apenas na borda do papel. Depois de alguns problemas técnicos para a confecção do produto (o próprio Fry criou a máquina para produzi-lo), o Post-it foi finalmente liberado pela 3M para ser comercializado, em 1980. Desde então, tornou-se não apenas um produto altamente rentável para a empresa, mas também um dos artefatos mais conhecidos do planeta.

Art Fry conta que muitas pessoas lhe dizem que também tiveram a ideia de fazer um papel adesivo. E ele responde sempre com a mesma pergunta: "E por que não fizeram nada com a ideia?".

Cacau Show

Em 1998, quando tinha 17 anos, Alexandre Tadeu da Costa, um jovem empreendedor que já comercializava chocolates, recebeu uma encomenda de 2 mil ovos de 50 gramas para a Páscoa. Seu fornecedor, na época, não fazia ovos de 50 gramas.

Alexandre correu atrás. Depois de consultar vários fornecedores, sem sucesso, ele descobriu uma senhora que fazia chocolates caseiros. Ela se dispôs a ajudá-lo e, em três dias, ele entregou os 2 mil ovos ao cliente.

Hoje a Cacau Show é uma das maiores redes de chocolate do país.

Sanduíche

Se você gosta de traçar um bom "sanduba", saiba que ele também é fruto do acaso. Dizem que o sanduíche, como o conhecemos atualmente, só foi inventado em 1762 pelo nobre inglês John Mantagu, o Conde de Sandwich – nome que teria dado origem ao nome do sanduíche em inglês. Segundo relatos da época, ele gostava de comer fatias de pão com salame enquanto jogava cartas com os amigos. De lá para cá, os mais diferentes tipos de sanduíche foram criados, de acordo com os ingredientes e o formato do pão, e, claro, com o gosto de cada um. Americano, *cheeseburguer*, *bruschetta*, cachorro-quente, bauru, misto (quente ou frio), carne louca, beirute: qual é o seu preferido?

Os empreendedores na história

Um grande inventor nunca inventa apenas o seu produto. Ele cria um mundo novo e assim muda a forma como as pessoas vivem, trabalham, consomem, se divertem, se relacionam.

Thomas Edison (1847-1931)

Com sete anos de idade, Thomas Edison foi expulso da escola por não conseguir aprender o que era ensinado. Passou a ser alfabetizado pela mãe, em casa, e nunca mais frequentou uma escola na vida. Dedicou-se então ao que mais gostava de fazer: inventar.

Seu mais importante invento foi a lâmpada elétrica, que substituiu a iluminação a gás, na época. Em 1880, ele fundou a Edison General Electric, conhecida como GE, que existe até hoje.

É considerado um dos maiores inventores da história, com mais de mil inventos registrados em seu nome.

Você sabia?

Olha que maluco!
Thomas Edison realizou mais de 400 – há quem diga que foram mais de 2.000 – tentativas para encontrar o filamento adequado para a lâmpada. Dizem que usou até cabelo humano nos testes! Para ele, as tentativas frustradas não foram consideradas um fracasso, mas "400 maneiras de não fazer uma lâmpada funcionar".

Henry Ford (1863-1947)

Ao criar o primeiro modelo de automóvel, o Ford T, Henry Ford criou também a linha de montagem, processo que viraria padrão na indústria. Na linha de montagem, cada trabalhador realiza apenas uma parte do processo, o que diminui o tempo e o custo da produção e, por tabela, o preço de cada automóvel.

O Ford T popularizou o uso dos automóveis nos Estados Unidos. A venda em massa possibilitou a Ford pagar bons salários a seus funcionários. Assim, ele ajudou também a criar um mercado consumidor.

O cara não era fraco.

Você sabia?

Hoje o automóvel parece um meio de transporte óbvio, mas no tempo de Henry Ford o transporte pessoal e coletivo era feito com cavalos. Ficou famosa uma frase desse inventor ao se referir ao seu invento: "Se eu tivesse perguntado aos meus clientes o que eles queriam, eles teriam pedido um cavalo mais rápido".

Essa frase serviu de referência, décadas mais tarde, para que Steve Jobs, o criador da Apple, justificasse seus inventos tecnológicos no início do século XXI: "As pessoas não sabem o que querem até que a gente mostre a elas".

Walt Disney (1901-1966)

Quem assiste aos desenhos da Disney ou visita o famoso parque de diversões nos Estados Unidos não imagina que o criador desse universo de fantasia viveu grandes dificuldades antes de se tornar um grande empreendedor. Walt Disney morou de favor e chegou a procurar comida no lixo antes de começar a dar certo.

Com seu irmão Roy Disney (que cuidava das finanças) e o apoio de sua esposa, ele fundou, em 1923, a The Walt Disney Company, que criou os personagens Mickey Mouse, Pato Donald, Tio Patinhas e Pateta, entre outros, e depois a Disneylândia, em 1955, no estado da Flórida, nos Estados Unidos. "Tudo isso começou com um sonho e um rato", ele costumava dizer.

Bacana, não?

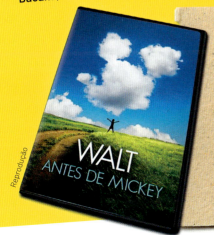

Walt antes de Mickey (2014)
Direção: Khoa Lê. Cinebiografia, Drama. 106 min.

Quando era criança, Walt Disney gostava de desenhar os animais da fazenda onde morava. Ao crescer, ele continuou desenhando e resolveu tentar a sorte como animador na cidade grande. Decidido a ter uma empresa própria, que lhe permitisse trabalhar no que gostava, ele enfrentou diversos obstáculos até ter a grande ideia da sua vida: um pequeno rato chamado Mickey Mouse.

Empreendedores contemporâneos

Desde os anos 1990, vivemos uma revolução tecnológica sem precedentes na história, a da internet. No momento em que você lê esta página, algum empreendedor já inventou algo novo no universo cibernético da rede mundial de computadores.

Bill Gates (1955)

Nascido em Seattle, nos Estados Unidos, Bill Gates foi o criador da Microsoft, empresa de *software* que popularizou o uso do computador pessoal no mundo a partir dos anos 1980. Você certamente já usou ou usa algum produto da Microsoft, não? O processador de textos Word e a planilha Excell são produtos dessa empresa.

Agora, olha que curioso: Bill Gates estudou em Harvard, mas abandonou a faculdade para se dedicar a sua empresa de programas para computadores pessoais. É considerado um dos homens mais ricos do mundo.

Steve Jobs (1955-2011)

Quando Steve Jobs morreu, em 2011, houve uma comoção mundial entre seus fãs. Jobs não foi apenas o fundador da Apple, a empresa que criou os aparelhos de tecnologia que revolucionariam o mundo da telefonia celular, do entretenimento, da música, do *design* e do *marketing*. Jobs foi o inventor de uma época.

Comparado a Leonardo da Vinci, seu nome extrapolou suas criações. Com seu sócio Steve Wozniak, criou o revolucionário Macintosh, que inventaria a interface gráfica que conhecemos hoje, inimaginável algum tempo antes de surgir, nos anos 1990.

STEVE JOBS – THE BILLION DOLLAR HIPPY (2011)
Direção: Laura Craig e Tristan Quinn. Documentário. 49 minutos.

Funcionários da Apple, incluindo o cofundador Steve Wozniak, contam histórias extraordinárias dos altos e baixos do império da Apple durante a era Steve Jobs.

Mark Zuckerberg (1984)

Mark Zuckerberg era estudante da Universidade Harvard quando teve o *insight* de uma rede social que relacionava as pessoas segundo suas preferências. O ano era 2004 e nessa época a rede já era conhecida em universidades inglesas e europeias. Em pouco tempo, o Facebook se tornaria a rede social mais popular do mundo.

Objetivo, focado, com propósitos bem definidos, Zuckerberg ousou conviver com o risco.

Você sabia? A rede social Facebook não tinha esse nome. Chamava-se Thefacebook. Estranho, não é? Ele foi mudado por sugestão do ex-CEO da Napster, que Zuckerberg conheceu quando ainda estava definindo sua rede.

EMPREENDEDORISMO NO BRASIL

Desde a segunda metade do século XIX, quando ainda era um país agrário, o Brasil viu surgir em suas terras um grande empreendedor, o gaúcho Irineu Evangelista de Souza (1813-1889), o Barão de Mauá. Ele foi o primeiro grande impulsionador da nascente indústria brasileira, projetando a primeira estrada de ferro do Brasil, o primeiro banco privado e a primeira empresa siderúrgica. No entanto, como o país ainda vivia na monarquia, encontrou obstáculos para implementar plenamente suas ideias.

Depois de Mauá, outros empreendedores deixaram seu nome na história brasileira, como o Conde Francisco Matarazzo, o empresário Antônio Ermírio de Moraes, o aviador Rolim Amaro, o banqueiro Olavo Setúbal e o jornalista Roberto Marinho.

Você já ouviu falar de algum deles? Que tal pesquisar?

Entre os empreendedores brasileiros da atualidade, destacam-se Ozires Silva, um dos fundadores da Embraer, o apresentador e empresário Silvio Santos, dono do SBT, o desenhista Maurício de Sousa, criador da Turma da Mônica, Jorge Paulo Lemann, do grupo Ambev, Abílio Diniz, do grupo Pão de Açúcar, e o publicitário Whashington Olivetto, sócio da agência W/McCann, entre outros.

Empreendedorismo social

Dez anos depois da crise mundial de 2008, a economia global voltou a crescer. Mas, para muita gente, não há o que comemorar. O empreendedorismo social busca minimizar as injustiças nos âmbitos econômico, cultural e ambiental.

Nos anos 1970, o economista bengali Muhammad Yunus dava aulas em uma universidade em Bangladesh que era vizinha de uma grande favela. Ele diz que o incomodava a discrepância entre as teorias que ensinava e a realidade que via do lado de fora do *campus*.

Yunus criou então um sistema de microcrédito e passou a emprestar 15 dólares para as mulheres da comunidade, para que se livrassem dos agiotas e investissem na aprendizagem de costura e artesanato. Com essa atitude, ele contribuiu para difundir a ideia de empreendedorismo social, uma modalidade de negócio que não visa apenas o lucro, mas também resolver de forma inovadora e transformadora alguma questão social ou ambiental.

Em 2006, Yunus, que ficou conhecido como "o banqueiro dos pobres", foi laureado com o Prêmio Nobel da Paz.

Ela colocou o afro em primeiro plano

Ao lançar a primeira edição da Feira Preta, em São Paulo, em 2002, um fato incomodava Adriana Barbosa, então uma jovem desempregada: a falta de visibilidade dos empreendedores negros. O objetivo da criação de uma feira étnica era justamente mostrar o negro como protagonista da gestão de negócios.

A partir de sua 16ª edição, em 2017, a Feira Preta se consolidou como um dos principais eventos do afroempreendedorismo. Nas quinze primeiras edições, 140 mil pessoas passaram pela feira em cidades como São Paulo, Rio de Janeiro e São Luís do Maranhão, movimentando mais de R$ 4 milhões em vendas de produtos de 700 empreendedores – cerca de 120 donos de negócios por edição.

Também nesse ano Adriana comemorou o fato de ter sido eleita um dos 51 negros mais influentes do mundo, título concedido pelo Most Influential People of African Descent (Mipad), na programação da Década Internacional dos Afrodescendentes, promovida pela ONU. O prêmio rendeu a ela um jantar com outras lideranças afro, entre elas o ator Lázaro Ramos e Ndaba Mandela, neto de Nelson Mandela.

Você sabia?

Com o crescimento do empreendedorismo social, um novo perfil de profissional está surgindo no mercado: o especialista em relações com a comunidade. Sua função é a de desenvolver projetos sociais para moradores que residem próximo à empresa, com o objetivo de contribuir para o desenvolvimento local.

Você conhece algum tipo de empreendedorismo social na sua região? Que tal se reunir com alguns amigos e pesquisar sobre isso?

Apoio ao trabalhador refugiado

Formou-se em dezembro [de 2017] a primeira turma do Projeto Caleidoscópio, que visa integrar refugiados ao mercado de trabalho brasileiro. A iniciativa, do Instituto Yiesia, com o apoio do Acnur, a agência da ONU para refugiados, buscou recolocar 15 trabalhadores de origem síria, colombiana, congolesa, palestina, cubana, nigeriana e marroquina que tinham pós-graduação e experiência corporativa em sua terra natal. [...] A ideia é promover a adaptação de profissionais que deixaram para trás tudo o que tinham – menos o conhecimento.

Revista *Você S/A*, janeiro de 2018, p. 13.

Como mudar o mundo (2015)
Direção: Jerry Rothwell. Documentário. 110 min.

Um grupo de amigos queria mudar o mundo. Para protestar, eles foram para uma região onde havia uma usina nuclear. Pretendendo salvar o planeta, fundaram o Greenpeace e mudaram o conceito moderno de sustentabilidade e ecologia.

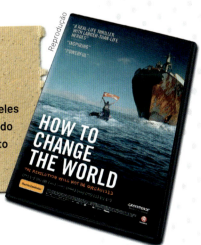

Outros filmes sobre inventores e empreendedores

Você já deve ter percebido que os empreendedores e os inventores são um tema e tanto para os cineastas e os documentaristas. Aqui vão mais alguns filmes e documentários sobre personalidades que acreditaram em suas ideias e fizeram a diferença.

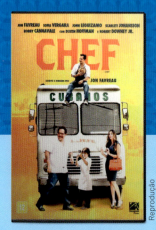

Chef (2014)
Direção: Jon Favreau.
Comédia dramática, 114 min.

Carl Casper, o *chef* de um badalado restaurante de Los Angeles, vive insatisfeito por não ter liberdade para criar e ser obrigado a fazer sempre os mesmos pratos. Um dia, um renomado crítico gastronômico publica uma crítica negativa do cardápio de Casper. Ele discute com o crítico e é demitido. A discussão viraliza na internet e fecha as portas do mercado para o *chef* de cozinha. Sem emprego, ele decide recomeçar a vida no comando de um *food-truck* de sanduíches cubanos em Miami, onde pôde recuperar o prazer de cozinhar.

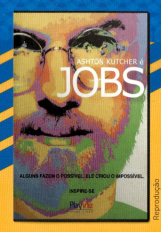

Jobs (2013)
Direção: Joshua Michael Stern.
Cinebiografia, Drama. 127 min.

O filme mostra Steve Jobs desde o abandono da faculdade nos anos 1970 e a criação de uma fábrica de computadores na garagem de sua casa, até os conflitos com investidores e o lançamento dos primeiros computadores. Jobs aparece como um ser humano sujeito a erros e acertos, conectado mais com as ideias do que com a realidade e as pessoas à sua volta.

O filme aborda o afastamento de Jobs da Apple em 1985 e o retorno em 1996.

O JOGO DA IMITAÇÃO (2014)
Direção: Morten Tyldum. Cinebiografia, Drama. 114 min.

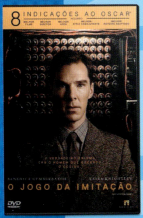
Reprodução

O filme conta a história do matemático inglês Alan Turing, considerado o pai da computação moderna. Durante a Segunda Guerra Mundial, o governo britânico montou uma equipe de técnicos para decifrar o Enigma, código que os alemães usavam para enviar mensagens aos submarinos. Alan Turing, uma pessoa de temperamento difícil, era um desses técnicos. Ele tornou-se o chefe da equipe, mas, para que o projeto desse certo, precisaria aprender a trabalhar em grupo. A experiência de Turing e sua equipe acaba criando o embrião do que viria a ficar conhecido como computador. O filme traz ainda um segundo tema: os conflitos do matemático homossexual em uma Inglaterra em que essa condição era considerada crime.

Reprodução

A TEORIA DE TUDO (2014)
Direção: James Marsh.
Cinebiografia, Drama. 123 min.

Cinebiografia do físico britânico Stephen Hawking, falecido em 2018, responsável por importantes avanços no conhecimento dos buracos negros e portador de esclerose lateral amiotrófica, que o confinou a uma cadeira de rodas e a uma expectativa de vida de dois anos, quando era jovem. A história mostra a perseverança e resiliência de Hawking diante de tantas limitações físicas e da desconfiança da sociedade.

Reprodução

JOY – O NOME DO SUCESSO (2016)
Direção: David O. Russell.
Comédia dramática. 118 min.

Baseado em uma história real, o filme conta a história de Joy Mangano, uma jovem mulher com dois filhos pequenos que se tornou uma das empreendedoras de maior sucesso dos Estados Unidos.

Ela criou um esfregão prático e seguro, mas, para comercializá-lo, precisou correr atrás de financiamento. O executivo Neil Walker mostra a Joy seus infomerciais, pelos quais as celebridades vendem produtos por meio de um sistema de *telethon*. Para isso, no entanto, ela precisa hipotecar sua casa para pagar os custos da empreitada.

Quizz

Sua vocação tende mais para empreender ou para ser funcionário? Responda com sinceridade às questões abaixo e descubra qual é o seu perfil.

1. Você ganha um *video game* ou um aparelho eletrônico de presente de aniversário. Depois de um ano, ele apresenta problemas de funcionamento. Você:
   a) Tenta consertar.
   b) Pede a seus pais ou responsáveis que o enviem para a assistência técnica.
   c) Pede a seus pais ou responsáveis que comprem outro novo.
   d) O abandona, pois já perdeu o interesse.

2. Em seus trabalhos escolares, você:
   a) Gosta de trabalhar em equipe, embora acabe fazendo a maior parte do trabalho.
   b) Não gosta de trabalhar em equipe, porque acaba sempre fazendo a maior parte do trabalho.
   c) Gosta de trabalhar em equipe, porque permite que todos participem igualitariamente do trabalho.
   d) Gosta de trabalhar em equipe, porque o trabalho dividido resulta em menos trabalho para cada um.

3. Para você:
   a) Feito é melhor que perfeito.
   b) Tudo tem que ser sempre perfeito.
   c) Malfeito é melhor que não feito.
   d) Depende.

4. Quando recebe uma crítica, você:
   a) Tenta ver o que há de positivo nela.
   b) Ignora.
   c) Sempre rebate, pois não aceita críticas.
   d) Corta relações com quem o criticou.

5. Quando participa de uma competição, você:
   a) Usa todos os meios leais para vencê-la.
   b) Usa meios leais e desleais para vencê-la.
   c) Usa meios desleais para vencê-la.
   d) Apenas cumpre tabela, afinal, o importante é participar.

6. Quando se depara com um problema em sua casa ou na escola, você:
   a) Procura resolvê-lo.
   b) Procura a ajuda de um amigo ou de um adulto.
   c) Vai levando para ver o que acontece.
   d) Fica sem saber o que fazer.

7. Com qual dessas frases você mais se identifica?
   a) Quem não arrisca não petisca.
   b) Mais vale um passarinho na mão do que dois voando.
   c) Farinha pouca, meu pirão primeiro.
   d) Água mole em pedra dura tanto bate até que fura.

8. Se você trabalhasse em uma empresa e seu gestor pedisse que ficasse uma hora além do horário para terminar um trabalho urgente, você:
   a) Ficaria, pois a responsabilidade é sua.
   b) Ficaria, para ficar bem com o chefe.
   c) Ficaria de má vontade.
   d) Não ficaria, afinal, horário é sagrado.

9. Ao se imaginar no mundo do trabalho, você:
   a) Trabalhará por um propósito.
   b) Trabalhará por dinheiro.
   c) Trabalhará para sustentar a família.
   d) Ainda não tem uma ideia clara sobre por que vai trabalhar.

10. Ao ser convidado para uma festa, você vai:
    a) Porque realmente quer ir.
    b) Para conhecer novas pessoas.
    c) Porque seus amigos vão.
    d) Porque fica mal não ir.

11. Ao lhe ser confiada uma tarefa, você:
    a) Faz algo a mais, caso veja possibilidade de fazer.
    b) Faz algo a mais, desde que seja recompensado.
    c) Faz estritamente o que foi pedido.
    d) Faz "nas coxas".

12. Quando toma uma decisão, você:
    a) Revê a decisão caso perceba que ela foi precipitada.
    b) Revê a decisão, mas não volta atrás caso perceba que foi precipitada.
    c) Revê a decisão e volta atrás somente se isso não for prejudicá-lo.
    d) Nunca volta atrás.

13. Se você fosse o capitão de um barco que está afundando, sua primeira atitude seria:
    a) Ajudar os passageiros a encontrar os botes salva-vidas.
    b) Tentar reverter o acidente.
    c) Gritar para que todos abandonem o barco.
    d) Abandonar o barco.

14. O que você acha mais importante:
    a) Ter muitos amigos nas redes sociais, ainda que nem todos sejam seus amigos realmente.
    b) Ter muitos amigos nas redes sociais, pois isso o fará "ficar bem na fita".
    c) Ter poucos amigos, porém verdadeiros.
    d) Não ter amigos, apenas colegas ou conhecidos.

15. No exame vestibular, você pensa em escolher:
    a) A carreira que deseja, pois sente que é a sua vocação.
    b) A carreira que dá mais dinheiro.
    c) A carreira que não tenha muita competição, pois o importante é entrar na faculdade e satisfazer seus pais.
    d) Qualquer carreira, pois o importante é ter um diploma universitário.

16. Você acha que uma vaga de emprego deve ser dada ao candidato:
    a) Mais talentoso.
    b) Mais competente.
    c) Mais esforçado.
    d) Com quem se tem mais afinidade ou amizade.

17. Você acha que os empresários:
    a) São importantes para a economia do país, pois geram empregos.
    b) São importantes para a economia do país, embora nem todos se preocupem com o bem-estar dos funcionários.
    c) São importantes para a economia do país, embora no Brasil impere o capitalismo selvagem.
    d) São todos exploradores.

GABARITO

- Maioria **a**: Você é ousado, aceita o risco, tem espírito de liderança, é ético e competitivo; sua vocação tende para o empreendedorismo.
- Maioria **b**: Você é comprometido, mas não abre mão da sua zona de conforto; sua vocação está entre o empreendedorismo e a carreira em uma empresa.
- Maioria **c**: Você não gosta de correr riscos, aprecia sua zona de conforto; sua vocação tende para ser empregado.
- Maioria **d**: Você ainda não se preocupa com a sua carreira profissional – que tal começar a pensar no assunto?

91

Informação é fundamental

No mundo contemporâneo, se você não tiver informação, estará em grande desvantagem. Seguem aqui algumas dicas para se manter antenado com o que acontece no mundo do trabalho e dos negócios.

Livros

Introdutórios

PESCE, BEL. *A menina do Vale* – Como o empreendedorismo pode mudar sua vida. Rio de Janeiro: Casa da Palavra, 2014.

SILVA, Flávio Augusto da. *Geração de valor* – Compartilhando inspiração. Rio de Janeiro: Sextante, 2014.

CAETANO, Bruno. *Manual do empreendedorismo* – 74 dicas para ser um empreendedor de sucesso. São Paulo: Gente, 2016.

Sobre adolescentes e jovens

ARATANGY, Lidia Rosenberg. *Adolescentes na era digital*. São Paulo: Benvirá, 2011.

OLIVEIRA, Sidnei. *Geração Y* – O nascimento de uma nova versão de líderes. 2. ed. São Paulo: Integrare, 2010.

Sobre carreira

FASCIONI, Lígia. *Atitude profissional* – Dicas para quem está começando. Rio de Janeiro: Ciência Moderna, 2009.

GEHRINGER, Max. *Clássicos do mundo corporativo*. São Paulo: Globo, 2008.

LAGO, Daniela do. *Despertar profissional* – Dicas práticas de comportamento no trabalho. São Paulo: Integrare, 2014.

Sobre o mundo digital

FRANCO, Silmara. *Navegando em mares conhecidos* – Como usar a internet a seu favor. São Paulo: Moderna, 2012.

Sobre métodos e comportamentos

KELLER, Gary e PAPASAN, Jay. *A única coisa* – O foco pode trazer resultados extraordinários para sua vida. Trad. Caio Pereira. São Paulo: Figurati, 2014.

FREIRE, Marcus Vinicius. *Resolva!* São Paulo: Gente, 2014.

Sobre empreendedores e empreendedorismo

WOLLHEIM, Bob e DE NUCCIO, Dony. *Nasce um empreendedor* – Dicas, provocações e reflexões para quem quer começar um negócio próprio. São Paulo: Portfolio-Penguin, 2016.

CASTANHEIRA, Joaquim (org.). *#VQD (Vai que dá!)* – Dez histórias de empreendedores que transformaram sonhos grandes em negócios de alto impacto. São Paulo: Endeavor Brasil/Portfolio-Penguin, 2014.

SEMLER, Ricardo. *Virando a própria mesa* – Uma história de sucesso empresarial *made in Brazil*. São Paulo: Rocco, 2002.

Reflexões sobre trabalho e empreendedorismo

ORO, Gabriel García de. *Era uma vez uma empresa* – A sabedoria das fábulas para ter sucesso nos negócios. Rio de Janeiro: Sextante, 2011.

CORTELLA, Mario Sergio. *Não espere pelo epitáfio!* – Provocações filosóficas. Rio de Janeiro: Vozes, 2005.

_____. *Não nascemos prontos!* – Provocações filosóficas. Rio de Janeiro: Vozes, 2016.

ROCHA, Erico. *Sacadas de empreendedor*. São Paulo: Buzz, 2016.

Revistas

Pequenas Empresas & Grandes Negócios. Editora Globo.

Vida Simples. Editora Abril.

Você S/A. Editora Abril.

Sites

Endeavor Brasil: https://endeavor.org.br/

Portal Sebrae: http://www.sebrae.com.br/sites/PortalSebrae

Rede Mulher Empreendedora: http://redemulherempreendedora.com.br/

Startupi: https://startupi.com.br

(Acessos em: 11 jan. 2019)

Programas de TV

Mundo S/A. GloboNews.

Pequenas Empresas & Grandes Negócios. TV Globo.

93

Conclusão

Você acaba de tomar contato com o mundo do trabalho e do empreendedorismo. Um mundo novo para você, que ainda está no final do ensino fundamental. Mas não tão novo assim, não é mesmo? Afinal, você já consome parte do que a sua sociedade produz, é influenciado pela mídia e pela propaganda, que lhe apresentam produtos físicos e simbólicos, e interage com gente que trabalha – seus pais ou responsáveis, por exemplo – e gente que ainda não trabalha – seus amigos reais e virtuais. Como você deve ter percebido, muitos comportamentos e atitudes vivenciados no ambiente escolar nada mais são do que um balão de ensaio do que você irá vivenciar na vida adulta, quando fizer parte do mercado de trabalho.

Há muito tempo um poeta inglês chamado John Donne escreveu que nenhum homem é uma ilha isolada. Se isso já era uma verdade no tempo em que ele viveu – final do século XVI e início do XVII –, imagine o quanto é verdadeiro hoje em dia, em pleno século XXI, em um mundo globalizado e com toda a parafernália da revolução digital a sua disposição. Basta olhar a sua volta para constatar que a principal característica da nossa época é a conexão. Todo mundo vive conectado o tempo todo, até quando está dormindo.

É preciso, portanto, estar sintonizado com os sinais que o mundo nos emite diariamente, para estar atento aos códigos de nossa época. E o que nos dizem esses códigos? Em vários momentos este livro forneceu a você algumas pistas.

Antes de tudo, em nenhuma época da história a ética, o respeito, a tolerância e a empatia foram tão valorizados como atualmente. Se o mundo em que vivemos não é um exemplo de virtude e desprendimento nas relações entre as pessoas, não é por falta de uma moral que os recomende. Está em nossas mãos transformar essas relações, fazer delas uma ponte para a autonomia dos seres humanos, como já preconizava o ideário da Revolução Francesa, lá no finalzinho do século XVIII. Sempre é tempo.

Outro aspecto que nos caracteriza é a mudança muito rápida das coisas, a tal da disrupção. As tecnologias digitais da informação parecem nos oferecer uma revolução a cada dia, a cada minuto, a cada segundo. Se isso lhe parece abstrato, é só pensar no modelo do seu telefone celular ou do seu *tablet*. Será que já não passou em sua mente a ideia de trocá-los? No entanto, precisamos distinguir bem entre aquilo que deve permanecer e aquilo que deve ser mudado. As tecnologias atuais são maravilhosas, mas nada substitui o conhecimento. As tecnologias são apenas os meios para chegar a ele.

A machadinha de pedra do *Homo faber*, nos primórdios da humanidade, era a tecnologia de que ele dispunha naquele remoto período. Com esse instrumento ele dominou o mundo e criou sua ética, sua forma de se relacionar com a natureza e com seus semelhantes. Qual é a nossa machadinha no mundo contemporâneo? Será que a estamos usando de modo adequado para o bem-estar do planeta e da humanidade? Reflita sobre isso antes de entrar no mundo do trabalho, não importa se como funcionário ou empreendedor.

Lembre-se: o poder de fazer deste mundo um mundo melhor está em nossas mãos.

Sobre o autor

O tema do empreendedorismo é um assunto novo na minha carreira de escritor. Representou, de certa forma, um desafio. Acostumado a escrever ficção e a tratar de assuntos mais abstratos como filosofia, sociologia, arte e jornalismo, confesso que olhava o mundo dos negócios como algo menor, em que apenas o lucro interessava e o que imperava eram a exploração e a lei do mais forte. Para dar uma ideia do meu esnobismo, ao entrar em uma livraria, olhava com desdém para a seção de Administração, Negócios, Carreira e *Marketing*.

Depois de um trabalho profissional nessa área, essa impressão começou a se desfazer. Fui descobrindo que estava diante de um campo muito fértil e me deixei aproximar, seduzido pela forma como os empreendedores, imbuídos de uma ideia na cabeça e muita coragem, e às vezes à custa de alguns fracassos e dissabores, construíram seus impérios, fossem eles uma pequena fábrica, um comércio, uma *startup* ou um conglomerado industrial.

Não me tornei um empreendedor, na forma tradicional como essa palavra é compreendida – embora escrever um livro não deixe de ser uma iniciativa empreendedora –, mas aos poucos a ideia de escrever sobre o assunto foi me conquistando. Acho que não escondi meu entusiasmo pela área, a ponto de minha editora dos livros anteriores na Moderna, a Beth Bansi, me convidar para escrever sobre o tema. E hoje, que escrevo este texto com o livro já pronto, reconheço o tamanho da minha ignorância em relação ao empreendedorismo. Porém, devo dizer que a minha gratificação por todo esse trajeto de revisão de conceitos e de aprendizados é ainda maior.

Sou um jornalista paulistano nascido em 1963, pós-graduado em ciências sociais e trabalho no mercado editorial como editor e produtor de conteúdos. Este é o meu nono livro publicado, o terceiro pela Editora Moderna. Espero que curtam lê-lo, como eu curti escrevê-lo.

Samir Thomaz
samirthomas@gmail.com